RÉFUTATION COMPLÈTE

DU

MÉMOIRE

DE M. DE MONTLOSIER.

SE TROUVE AUSSI

CHEZ
- DELAUNAY, Libraire, Palais-Royal, galerie de Bois, n° 243.
- PICHARD, Libraire, quai Conti, n° 5.
- PETIT, Libraire, Palais-Royal, galerie de Bois, n° 257.
- DENTU, Libraire, Palais-Royal, galerie de Bois, n°ˢ 265 et 166.

A PIHAN DELAFOREST,

Imprimeur de Monsieur le Dauphin, de la Cour de Cassation,

et de l'Association paternelle des Chevaliers de Saint-Louis,

rue des Noyers, n° 37.

RÉFUTATION COMPLÈTE

DU

MÉMOIRE

DE

M. DE MONTLOSIER,

PAR F.-A. SAINTES,

DE LA SOCIÉTÉ ROYALE ACADÉMIQUE DES SCIENCES DE PARIS.

Je ne suis ni à Apollon ni à Céphas, mais à Dieu.

PARIS,

HIVERT, Libraire, rue des Mathurins-Saint-Jacques, n° 18.
PONTHIEU, Libraire, Palais-Royal, galerie de Bois, n° 252.
TERRY, Palais-Royal, galerie de Bois, n° 233.

1826.

RÉFUTATION COMPLÈTE

DU

MÉMOIRE

DE M. DE MONTLOSIER.

INTRODUCTION.

Un mois s'est déja écoulé depuis qu'une accusation, la plus grave peut-être qui ait jamais été portée contre ce qu'il y a de plus respectable dans la société, est venue épouvanter les amis de la religion. En vain ils ont attendu que le ministère public, justement effrayé des terribles conséquences qui résulteraient, pour tous les Français, des prétendues révélations de M. de Montlosier, fît une enquête pour s'assurer de la vérité, ou que le clergé, sur qui planent tant d'odieux soupçons, appelât la vindicte des lois contre un homme qui s'est permis envers lui d'aussi violens outrages ; le ministère public, sans doute par respect pour la liberté de la presse, laisse circuler librement le Mémoire qui renferme ces révélations, et le clergé n'a pas jugé à propos de réclamer contre ce qu'il sait être des impostures. Que doivent penser alors les sincères amis de la vérité? Doivent-ils abonder dans le sens de M. de Montlosier? Ou parceque l'accusé n'élève pas la voix pour protester de son innocence, doivent-ils croire que ses réponses seraient impuissantes pour l'absoudre aux yeux du public? Non, ce silence est ici d'une éloquence sublime; il parle assez haut pour qu'on ne puisse pas s'y méprendre. Quand il aurait pu confondre son fougueux adversaire et le faire rougir de confusion; quand il aurait pu arracher de ses mains la couronne que le parti anti-catholique lui a décernée, en récompense de son livre, il a gardé un silence profond, et, à l'exemple de son divin modèle, il a essuyé, sans se plaindre, les nouvelles attaques qui lui étaient réservées. Il serait moralement impossible qu'un corps uniquement composé d'hommes ambitieux, comme le suppose M. de Montlosier, endurât avec tant de calme le poids d'une accusation aussi grave, si elle était fondée. Aux misérables diatribes de leur accusateur, ils auraient répondu par des déclamations peut-être plus misérables encore.

Mais ce calme avec lequel le clergé a écouté les griefs qu'on lui reproche, ne doit-on pas le reconnaître comme un témoignage de son innocence? La résignation dans les orages qui tourmentent notre existence ne serait donc plus le seul partage de celui qui possède une conscience pure? J'aime à croire que dans cette circonstance le clergé français a jeté les yeux sur celui que l'on accusait également de conspirer dans Israël, et qu'il s'est contenté de ce trait de ressemblance. Pour moi, l'accusation est si forte, qu'au lieu de m'ébranler, elle a fait dans mon esprit un effet tout contraire, et je ne serais pas étonné d'apprendre qu'elle a fait plus de partisans au clergé catholique qu'il n'en avait espéré lui-même de déserteurs. En général, personne n'aime l'exagération : on la trouve ridicule, et elle compromet celui qui s'en sert même dans la meilleure cause. C'est bien plus encore quand on lui donne pour auxiliaire la calomnie; alors l'indignation se soulève, et tout ce qui est doué de quelque raison fait une prompte justice du délateur.

Si M. de Montlosier se fût contenté d'attaquer l'introduction des jésuites dans notre pays; s'il eût réservé ses armes contre cette compagnie, dont l'existence légale peut encore y être contestée, je n'aurais point élevé ma voix pour réfuter ses moyens d'attaque. Sans doute il est permis à tout citoyen d'avoir son opinion sur un corps qui a rempli le globe entier de son nom, et qui, à côté des services immenses qu'il a rendus à la religion et aux sciences, a pu, comme toutes les institutions humaines, produire quelque mal (car qui ne sait que le mal ici bas est partout à côté du bien); mais encore ce mal pourrait bien n'être que le fait de quelques-uns de ses membres qui se montraient infidèles à leur vocation. Certes, ce n'est pas moi qui contesterai jamais à un écrivain le droit d'émettre un sentiment quelconque sur les avantages ou les inconvéniens qui résulteraient de la reconnaissance des jésuites en France. Je les ai combattus moi-même, tant que j'ai cru que leur présence pourrait nous être funeste; mais les attaques pleines d'aigreur dont ils sont l'objet de la part de quelques écrivains qui n'adoptent pas les croyances catholiques; mais la progression que j'ai remarquée dans la marche des aggresseurs, m'ont fait comprendre que c'est moins au jésuitisme qu'ils en veulent, qu'à la religion elle-même, et j'en trouve la preuve dans l'ouvrage même de M. de Montlosier, qui ne s'arrête pas à désigner les jésuites comme des conspirateurs, mais qui leur assimile tout le clergé français, ne craint pas de déverser le blâme sur une masse imposante d'individus qui commande le respect, et ne s'inquiète pas si son ouvrage attirera le mépris sur ceux qu'il accuse. Cependant du mépris des prêtres à celui de la religion il n'y a qu'un pas : on ne vénère guère une institution qui n'a pour ministres que des hommes fourbes ou ambitieux. Et quand la religion est ainsi attaquée dans sa base, quand on verse la calomnie sur ce qu'elle a de plus saint ; ceux qui sont sincèrement attachés à cette religion divine, doivent-ils demeurer dans une coupable inaction? Ne doivent-ils pas plutôt, quelque faibles que soient leurs talens, s'armer du glaive de la foi, et venger la religion des outrages de l'impiété?

Mais qu'on ne s'y trompe pas ; la réfutation que j'entreprends du livre de M. de Montlosier n'est point une attaque de parti. Je ne connais pas de jésuites à Paris, et je ne connaîtrais de la congrégation que ce qu'en ont rapporté ses ennemis, si, depuis que j'ai commencé ce travail, je ne m'étais empressé de prendre des renseignemens sur elle. C'est donc une attaque tout-à-fait désintéressée que la mienne : l'amour seul de la vérité me la fait entreprendre. En politique comme en religion, il n'y a rien de plus licite que d'avoir une opinion à soi. Quand elle émane surtout d'une conviction profonde, qui oserait ne pas la respecter? D'autres peuvent la désapprouver, la combattre même ; mais on ne saurait blâmer celui qui la défend avec conscience.

Tout ce que je regrette en ce moment, c'est d'avoir moins de talent que de bonne volonté pour remplir dignement la tâche que je m'impose. Puisse la bonté de ma cause me faire triompher d'un athlète qui combat avec plus de ruse que de vigueur, et qui, semblable à un certain géant dont parle l'Ecriture (1), s'est imaginé que l'autorité de son nom et le souvenir de ses forces

---

(1) Livre des Rois, chap. 12.

anciennes devaient suffire pour accréditer ses odieuses calomnies.

Dans ma Réfutation, je suivrai à peu près le même plan dont M. de Montlosier s'est servi lui-même dans son Mémoire à consulter. Les prêtres, les ultramontains, les jésuites et la congrégation seront successivement le sujet de notre controverse. Je tâcherai également de n'oublier aucune des questions importantes qui se rattachent à ces principaux griefs d'accusation, et que M. de Montlosier a traitées avec aussi peu de bonne foi que les autres.

CHAPITRE PREMIER.

Dessein de M. de Montlosier en écrivant son Mémoire.

Le nom de *père de la patrie* fut décerné autrefois par un peuple reconnaissant à un citoyen qui, bravant les périls où l'exposait sa démarche courageuse, osa révéler un complot, qui ne tendait à rien moins qu'au bouleversement de toute l'Italie. Serions-nous moins généreux que les Romains, si, pendant que nous nous livrons à une trompeuse sécurité, un homme se présentait à nous pour nous initier aux mystères d'une conjuration qui menace la société tout entière. Non, chez un peuple qui se pique d'honneur, et qui compte la reconnaissance au nombre de ses vertus, cet homme recevrait une récompense digne de ses services, et l'histoire serait chargée de transmettre son action héroïque à la postérité la plus reculée.

Français, voici un noble chevalier à qui son dévouement à la cause sacrée de la religion et du trône avait mérité plusieurs palmes glorieuses. Près de descendre dans le tombeau, il a voulu en cueillir de nouvelles ; et, à cet effet, il vient étendre sur vous une main protectrice ; il vient vous garantir des coups funestes que des ennemis acharnés se disposent à vous porter. Cependant comme la société dont il annonce la ruine, ne chancelle pas encore sur sa base, ne vous hâtez pas cette fois de lui décerner un nouveau triomphe, mais examinez si les révélations qu'il vous fait reposent sur quelque fondement solide.

« Un vaste système, dit-il, tranchons le mot, « une vaste conspiration contre la religion, « contre le Roi, contre la société, s'est élevée » (Page 1). En vérité, voilà du sérieux. Quiconque lira ces étonnantes paroles, ainsi placées à la tête du *Mémoire à consulter*, en sera sans doute effrayé, et s'empressera de connaître les perfides agens d'un projet aussi criminel. Supposons néanmoins qu'après les avoir lues, un de ces hommes au-dessus de la crainte s'avisât de fermer le livre pour se procurer le plaisir de découvrir lui-même les coupables. Croit-on qu'il devinât jamais la pensée de M. de Montlosier ? Ses soupçons porteraient d'abord sur quelques-uns de ces misérables, frémissant à la seule pensée d'obéir aux lois, et s'efforçant en conséquence de secouer les prétendues chaînes par lesquelles ils se disent liés ; il penserait que c'est l'histoire de leur projet insensé que l'on a voulu exposer ici ; il pourrait croire encore que l'on va mettre à nu le complot de ces écrivains philosophes qui, sous le prétexte spécieux de débarrasser le monde des vieux langes de la superstition qui le tiennent asservi, s'appliquent, par mille moyens, à faire mentir l'oracle du code sacré, qui a promis l'immortalité à l'église catholique. Rien de tout cela. Ces fauteurs d'anarchie, contre lesquels on ne saurait jamais se mettre trop en garde, M. de Montlosier ne les a pas même aperçus. Ces propagateurs de mauvaises doctrines, ces apôtres d'une philosophie désastrueuse, il ne les a pas jugés dignes de son accusation. Apparemment qu'il a cru la société de notre époque assez fortifiée de principes vitaux pour n'avoir rien à craindre des doctrines de néant que l'on ne cesse d'y répandre. Quoi qu'il en soit, c'est une autre classe d'hommes que M. le Comte vient nous dénoncer comme per-

turbateurs du repos public, et dignes de toute la sévérité des lois. Il est d'autant plus difficile de deviner sa pensée, que M. le Comte nous a prévenus lui-même qu'il y a une contradiction manifeste entre les personnes qu'il accuse, et les actions qui déposent contre elles. Ce sont en effet « des hommes
« saints qui ourdissent des trames odieuses, des
« hommes vertueux qui se souillent de crimes,
« des hommes doués de piété qui nous mènent
« à l'irréligion, des hommes enfin fidèles aux lois
« qui nous conduisent à la révolte » (Pag. 2).
Dans cet étrange alignement de mots, qui, selon l'expression de Montesquieu, hurlent de se trouver ensemble, qui aurait pu s'imaginer que l'auteur voulût parler des prêtres. Oui, quoique la chose soit nouvelle, c'est bien des prêtres qu'il entend faire la dénonciation, « de ces bons
« prêtres que, s'ils étaient jugés sur la question
« intentionnelle, non-seulement on absoudrait,
« mais à qui peut-être on accorderait des cou-
« ronnes » (Pag. 5). Mais, M. le Comte, ce panégyrique est-il bien sincère? Votre langage me paraît tant soit peu hypocrite. On n'affiche pas tant de respect pour les personnes que l'on se

propose d'immoler. Que l'on aimerait bien mieux vous voir descendre dans l'arène, le front découvert, et vous entendre déclarer franchement ce que vous êtes. Vos déclamations seraient moins à redouter, elles ne séduiraient personne ; au contraire, il peut arriver que ce ton de réserve et de modération que vous empruntez, captive quelques hommes peu réfléchis, et leur fasse adopter vos étranges suppositions. Ou vous êtes l'ami des prêtres, ou vous ne l'êtes pas. Si, comme vous le dites « ils sont l'objet de votre respect » (Pag. 4), vous êtes inexcusable d'avoir lancé contre eux un libelle diffamatoire. Si vous êtes leur ennemi, dépouillez alors ce masque avec lequel vous vous ménagez une certaine réputation d'homme religieux. Mais vous avez senti qu'on repousserait vos attaques avec plus de succès, si l'on connaissait à fond l'adversaire que l'on a à combattre.

Lorsque, dans l'assemblée constituante, un député de l'opposition s'avisa de rappeler les faiblesses d'Henri IV, au milieu des questions sérieuses qui s'agitaient, vous sûtes bien ramener ce pétulant orateur au véritable point de la question, et vous dîtes alors, avec beaucoup de raison : « Qu'on ne peut parler de ces sortes de « choses sans jeter de la défaveur sur la cause des « rois (1). » Croyez-vous qu'en exposant au mépris du public *ces vases saints que vous avez tirés des tabernacles*, vous ne jetiez pas aussi de la défaveur sur la religion ? Ce serait vous abuser étrangement de le penser. Voyez le triste effet qu'a produit dans le public, lors du procès intenté à deux journaux, la révélation de quelques anecdotes ecclésiastiques, sinon controuvées, du moins exagérées par ceux qui étaient intéressés à les publier. Cette partie du peuple, qui adopte les faits sans examen, et qui a toujours le défaut de conclure du particulier au général, manifesta des intentions hostiles contre le clergé qui s'était rendu coupable de tels actes. Certes, si ce peuple a porté ce jugement, il y a deux mois, lorsque trois ou quatre prêtres seulement étaient inculpés, quel cri d'indignation ne va-t-il pas pousser lorsque votre livre lui sera parvenu, ou quand *le Constitutionnel* lui en aura officieusement pré-

---

(1) Séance du 18 mai 1789.

senté l'analyse. Doutez-vous qu'il ne maudisse ces hommes que vous leur représentez comme les seuls ennemis de l'ordre social. Tremblez donc, M. le Comte, qu'il ne se livre aujourd'hui aux mêmes désordres qu'à une époque fâcheuse encore si rapprochée de nous. Vous savez mieux que personne combien ce cri, cet infâme cri : *à bas les prêtres!* lui faisait commettre de crimes pendant ses scandaleuses orgies ; c'était aussi en chantant cet épouvantable refrain qu'il promenait d'un bout de la France à l'autre son glaive destructeur.

CHAPITRE II.

Alliance de M. de Montlosier avec les adversaires de l'Eglise catholique.

La position de M. de Montlosier était très embarrassante, quand il s'est décidé à lancer son libelle dans le public. Il lui fallait des moyens pour arriver à un succès de vogue, et il craignait de n'en pas trouver. Il prévoyait bien que, loin d'applaudir à sa conduite, les journaux avec lesquels il avait marché jusqu'ici, le combattraient au contraire de tous leurs efforts, et il ne s'attendait pas que ceux de l'opposition libérale, qu'il avait autrefois désignés par leur nom, vinssent lui prêter secours. Qu'a-t-il donc imaginé pour se les rendre favorables ? Fera-t-il une rétractation pure et simple des anciennes philippiques qu'il a dirigées contre eux ? Mais ce sacrifice coûterait trop à son amour-propre, et sa fierté en souffrirait. Il tâchera donc d'obtenir leur approbation par une amende honorable du passé, en même temps qu'il conservera toute sa hauteur seigneuriale pour le temps présent. « Je dois prévenir, « dira-t-il, ceux qui, mus par d'autres sentimens « que ceux que je professe (1), seraient enclins « à m'accorder leur approbation, que je ne l'ac- « cepte pas du tout.... Combien de fois *les libé-* « *raux* ont osé me dire qu'ils m'accueilleraient ? « Cet accueil, qui m'était offert, je l'ai dédai- « gné » (Pag. 15). Voilà pour sa propre satisfaction ; quant aux excuses à faire, les voici : « Je m'expliquerai franchement sur ces jour- « naux ; je ne les appellerai pas révolutionnaires, « j'ai eu ce tort-là une fois, j'accepte à cet égard « la réprimande qu'ils m'ont faite, et je les en « remercie » (Pag. 6). Il n'y avait pas de doute que ce peu de paroles devait suffire pour faire oublier de vieilles rancunes. Aussi malgré sa protestation ultérieure, les écrivains anti-catholiques l'ont reçu avec jubilation dans leur camp, et lui ont prodigué les louanges les plus flatteuses. Ici je demande pardon à ces feuilles

---

(1) L'auteur veut parler ici de sentimens en matières politiques.

politiques ou littéraires, qui avaient à se plaindre de M. de Montlosier; mais je ne crois pas qu'on puisse mieux les qualifier depuis qu'elles se sont constituées l'écho des perfides doctrines de cet homme; car l'examen des pages suivantes du *Mémoire* nous apprendra que M. le Comte demande une révolution totale dans l'église; j'ai presque dit sa destruction. Or, cet empressement qu'elles ont mis à en propager les moyens, les établit responsables de cette révolution vraiment anti-sociale : c'est donc à bon droit qu'on peut les appeler *révolutionnaires*, non-seulement en religion, mais peut-être même *en politique ;* car révolutionner l'une, n'est-ce pas révolutionner l'autre?

CHAPITRE III.

Haine de M. de Montlosier contre le clergé catholique.

S'IL est permis de censurer une mauvaise action, quand son auteur l'a faite avec pleine connaissance de cause, celle de M. de Montlosier ne peut que nous paraître odieuse. Il prévoit, en effet, les funestes conséquences qui résulteront de la publication de son livre, et il ne recule pas devant cette idée. Il comprend les impressions fâcheuses qu'il gravera dans des cœurs déja mal disposés, et cette connaissance ne l'arrête pas. Que dis-je? il se félicite du mal qu'il va faire, et ce triomphe d'une étrange espèce sourit déja à sa pensée.

Peut-on expliquer cette bizarre conduite autrement que par la haine qu'il a vouée au clergé catholique? Si ses intentions eussent été pures, s'il n'eût pas voulu appeler sur les prêtres les sarcasmes des méchans, n'aurait-il pas pu se servir de moyens moins violens que celui de la délation

pour réprimer ce qu'il appelle *l'envahissement des prêtres?* Mais qu'importent les précautions à un homme qui se fait l'instrument de la calomnie. Il avoue donc « que cette continuité d'in-
« criminations, relativement à la conduite parti-
« culière d'une classe d'hommes *généralement*
« *respectables*, établira contre eux des préven-
« tions fâcheuses » (Pag. 278). Mais ce n'est pas ce qui le touche le plus. Que ses attaques frappent fort, c'est tout ce qu'il désire. « Si son accusation
« se trouve fondée, c'est aux prêtres à savoir ce
« qu'ils auront à faire » (Même page).

N'est-ce pas là s'applaudir de sa honteuse démarche? n'est-ce pas se réjouir de ce que ses imputations feront haïr le clergé? Oui, il n'y a que la haine qui ait pu le faire agir ; chaque page de son livre est empreinte de cet esprit coupable. La haine seule et rien que la haine lui a fait inventer ces locutions outrageantes, qu'il emploie dans plusieurs endroits de son livre, *le parti prêtre*, *l'esprit prêtre*, comme si le caractère sacré de prêtre pouvait avoir en lui-même quelque chose d'odieux. Je comprends qu'on puisse appeler *parti ultra*, *parti jacobin*, plusieurs classes d'hommes qui se séparent des idées communes, prétendant néanmoins avoir pour eux la vérité. Car il ne nous est pas donné de discerner clairement parmi toutes les nuances d'opinions qui divisent les hommes en matières politiques, quels sont ceux qui professent les systèmes les mieux fondés sur la nature des choses; mais quand il s'agit du caractère sacerdotal, qui aurait osé dire, hormis M. de Montlosier et ses aveugles partisans, que le sacerdoce opère dans celui qui en est revêtu, un si prodigieux changement que, de fidèle qu'il était auparavant aux lois de son pays, il devient alors l'instrument d'une faction turbulente ? N'est-ce pas la haine qui lui fait considérer encore le prêtre « comme un objet d'aversion partout où il se pré- « sente avec le glaive de Pierre » (Pag. 155 et 276). C'est-à-dire partout où il remplit avec fidélité la sublime mission qu'il a reçue de son chef, d'élaguer les mauvais rameaux qui déparent l'arbre de vie, et de purger la terre des immondices du vice qui la souillent. Enfin c'est un cœur animé par les fureurs de la haine qui seul a pu lui faire dire « que s'il y a parmi les jeunes gens quelques « athées, il parierait que ce sont ceux que les prê-

« tres eux-mêmes ont pervertis » (Pag. 197). Quelle atroce calomnie! comment a-t-elle pu sortir de la bouche d'un homme qui désire qu'on le respecte? Cet oubli des convenances, il le porte si loin en cette occasion, qu'il suffirait de rapporter ses propres paroles pour les réfuter avec succès. Quoi! parceque l'athéisme a fructifié dans notre pays malgré les efforts de quelques sages pour l'en extirper, c'est aux prêtres qu'il faudra en demander raison! Que les chaires chrétiennes ne retentissent donc plus de leurs accens évangéliques; ils portent trop la désolation dans les âmes! Ils empoisonnent les germes de vertu que l'on remarque dans tous les cœurs, et les pénètrent des affreuses doctrines de néant. M. de Montlosier nous atteste ces singulières métamorphoses. Comment ne pas y croire? Selon lui, les doctrines qui enfantaient autrefois des prodiges de salut, ne sont puissantes aujourd'hui que pour enfanter la corruption. Ce n'est donc plus aux déclamations atrabilaires des Diderot, des d'Holbac, des Helvétius, etc., qu'il faut attribuer le fatal poison d'athéisme, qui circule dans quelques veines du corps social. Leurs livres où les systèmes les plus outrageans contre la religion sont exposés dans toute leur nudité, peuvent donc désormais être mis sans dangers entre les mains d'une jeunesse déja pervertie par les instigations des prêtres? O Fénélon, si du sein de l'immortelle gloire où votre piété, non moins que votre zèle pour former un prince vertueux, vous ont placé, vous pouviez entendre les imputations que l'on adresse à ceux qui, chargés du dépôt des vérités éternelles, s'efforcent de les inculquer à cette jeunesse que vous chérissiez tant, quel frémissement n'éprouveriez-vous pas! De quelle profonde douleur ne serait pas affligée votre belle âme!

CHAPITRE IV.

Suite de la haine de M. de Montlosier contre le clergé catholique.

A la vérité, M. de Montlosier a esquissé d'une manière assez heureuse le portrait du véritable prêtre ; mais qu'on ne s'y trompe pas, ce n'est qu'une ruse pour mieux faire admettre les sophismes injurieux qu'il va nous débiter sur le caractère du sacerdoce chrétien. Néanmoins comme ses paroles trahissent ses malignes intentions et décèlent une profonde hypocrisie dans celui qui les a prononcées, je vais les citer ici. Elles feront ressortir tout ce que le reste de l'ouvrage renferme d'odieux. « Une des parties les plus nobles dans
« le caractère de prêtre (et qui est particulière à
« l'excellente religion catholique), c'est le célibat
« qui lui est imposé. Je ne vois pas, en général,
« que les hommes du monde tiennent assez de
« compte de ce sacrifice..... L'état continuel de
« souffrances et de combats secrets qui se peignent

« sur le visage pâle de la victime, m'a fait souvent
« baisser les yeux d'attendrissement et de respect.

« Ce n'est pas le seul sacrifice du prêtre. L'hom-
« me du monde se pare de sa compagne; il se
« pare aussi de ses enfans : dans les misères de
« la vie c'est une consolation, c'est aussi un appui.
« Vos enfans, dit l'Esprit-Saint, seront comme
« les rejetons de l'olivier autour de votre table.
« Le prêtre n'a à espérer ni cette bénédiction ni
« cette récompense..... J'ouvre le livre qui lui a
« été imposé. D'après la règle qui lui a été faite,
« il doit prier Dieu à la première heure, ensuite
« à la troisième, puis à la sixième, puis encore
« à la neuvième; le soir, c'est vêpres et complies;
« au lever du soleil, c'est matines et laudes. Une
« journée coupée ainsi laisse peu de loisir....

« Pénétré sans cesse de la substance de Dieu,
« le prêtre est la colonne par laquelle, d'un côté,
« les vœux et l'encens de la terre montent jusqu'au
« ciel; par laquelle, d'un autre côté, les béné-
« dictions du ciel descendent sur la terre. Il de-
« vient ainsi le médiateur entre Dieu et l'homme.
« Avec tant d'avantages, est-ce que le cœur d'un
« prêtre ne se remplira pas d'orgueil ? au con-

« traire, d'humilité. Plus il approche de Dieu, et
« plus il comprend son néant et sa petitesse »
(Pag. 206 et suiv.). Je m'arrête à ces dernières
paroles que je regarde comme une réfutation
complète de tout son *Mémoire*. Car s'il est vrai
qu'avec tant d'avantages spirituels le cœur d'un
prêtre ne se remplira pas d'orgueil, il faut conclure que jamais le sentiment de la domination
ne viendra s'établir en lui et que l'esprit d'envahissement dont on l'accuse n'est qu'une chimère.
Mais avant de poursuivre ce raisonnement qui a
besoin d'être fortifié d'autres preuves encore plus
convaincantes, je veux opposer au portrait qu'on
vient de lire les diatribes acerbes que M. de Montlosier a adressées au sacerdoce en général. « Ce
« ne sont ni les dogmes ni les préceptes qui ef-
« fraient les nations : partout le grand obstacle à
« notre religion, ce sont nos prêtres. Amalgamés
« avec l'autorité civile, leur autorité est odieuse;
« séparés de l'autorité civile, elle devient rivale,
« elle est embarrassante. On ne sait ni comment
« la réprimer, ni comment la favoriser; on ne sait
« comment vivre avec elle » (Pag. 162). Certes,
s'il existe au milieu d'un état une autre société

tellement embarrassante qu'on ne sache ni la réprimer, ni comment vivre avec elle, je ne vois pas comment les princes peuvent l'y souffrir. Mais où sont les preuves de vos hargneuses assertions ? Ce n'est pas tout d'accuser; quand on est de bonne foi comme vous prétendez l'être, il faut établir sur des preuves irrécusables les faits que l'on ose affirmer, sous peine de passer pour un imposteur. Poursuivons. « S'il est vrai, comme nous l'assure « M. de Maistre, *que la rage de la domination* « *soit innée dans l'homme et que la rage de la* « *faire sentir ne soit pas moins naturelle*, quelle « garantie se trouvera-t-il pour le gouvernement « envers la puissance du prêtre, lorsque suivant « le système d'aujourd'hui, au lieu de prendre « des précautions contre cette rage, le clergé « s'empresse de lui donner l'essor » (Pag. 158) ? « On connaît, dit-il ailleurs, l'existence frêle et « passagère des princes et des ministres; avec une « telle existence comment pense-t-on qu'ils peu- « vent lutter contre une puissance qui ne naît ni « ne meurt; qui, dans ses relations, embrasse le « monde entier; qui, comme peuple particulier, « a sa milice particulière, et, avec cette milice,

« un général et un souverain éloigné, avec le-
« quel elle décide quand et comment elle doit
« obéir au souverain qui est auprès d'elle? C'est
« une folie » (Pag. 160). Ainsi donc, il est impossible d'échapper à cette puissance ennemie qui
embrasse le monde, qui a une milice dévouée
dans l'universalité des prêtres, un général au
ministère ecclésiastique, et un souverain dans la
personne du pape. Peuples, entendez et jugez!
On ne s'avise pas de déclamer aujourd'hui contre
les vertus peu apostoliques d'une foule de prêtres
qui, infidèles à leur vocation, se prostituent quelquefois aux misérables passions du monde, et
fournissent aux impies le prétexte de mille sarcasmes contre la religion, elle cependant qui est
la première à les condamner. On a vu que cette
sorte d'attaque ne menait pas avec assez de
promptitude au but que l'on se proposait, et on
l'a abandonnée. Grâces à la nouvelle tactique,
les individus prêtres ne seront plus exposés aux
ironies sanglantes de nos philosophes : bien plus,
on accordera un éloge pompeux à leur sacré caractère, en même temps qu'on s'élèvera contre
la société à laquelle ils appartiennent; on dési-

guera celle-ci comme un foyer perpétuel de conspiration; et s'ils parviennent à le persuader, on les verra bientôt conclure que l'existence d'un tel corps étant incompatible avec le bon ordre, il est de toute nécessité de le bannir de la société, et avec eux la religion dont ils sont les ministres. Que faire en effet d'une institution qui repose sur la nécessité d'un sacrifice dont *le prêtre* seul peut être le sacrificateur? C'est là toute la pensée de M. de Montlosier, quoiqu'il cherche à l'envelopper d'un langage hypocrite qui peut bien faire quelques dupes parmi les simples, mais qui n'abusera pas les hommes réfléchis. Et vous aussi, vétéran de l'honneur, vous employez les détours! N'osant désigner ouvertement la religion comme le plus grand fléau de l'humanité, vous cachez cette pensée dans le fond de votre cœur; mais vous ne craignez pas de crier *guerre aux prêtres!*....

CHAPITRE V.

Le sacerdoce chrétien est, aux yeux de M. de Montlosier, une institution anti-sociale.

J'avoue que les paroles dont se compose le texte de ce chapitre, et qui frappent de stupeur un homme religieux, ne se trouvent pas littéralement dans le *Mémoire* que je combats; mais elles n'y sont pas moins implicitement exprimées, comme on va le voir : « Le peuple chrétien, dit-« il, est révolté de l'envahissement et des pré-« tentions des prêtres » (Pag. 161). Mais vous qui apparemment avez sondé tous les cœurs, puisque vous vous montrez si affirmatif dans vos allégations, apprenez-nous qui sont ces nouveaux *êtres à répugnance?* Le nom de chrétien est un peu trop générique. Je crains que vous vous soyez fait illusion en l'écrivant, ou que vous n'ayez pu en comprendre la véritable signification. Voudriez-vous parler des sectes séparées de la communion romaine, qui se parent de l'auguste nom de chrétien, quoique leur doctrine n'ait rien d'analogue avec celle de Jésus-Christ? mais il n'est pas étonnant qu'elles repoussent les prêtres comme des adversaires dont elles redoutent les lumières. Seraient-ce des chrétiens qui sont nés dans le sein de l'Eglise catholique, et qui ne pratiquent aucun de ses commandemens? mais ceux-ci repoussent les prêtres, parcequ'ils trouvent dans leurs exhortations une censure incommode. Seraient-ce les chrétiens qui fréquentent les temples, et qui, dociles à la voix de l'Eglise, supportent avec joie le joug du Seigneur, parceque ce joug est *doux et léger*, et que celui du monde est rempli d'amertume? mais où sont, parmi ces derniers, les voix accusatrices? Vous croiriez-vous de ce nombre, par hasard? Mais votre livre lui-même nous interdit cette pensée.

C'est donc une voix isolée qui fait entendre des cris sinistres : c'est cette seule voix qui dénigre avec acharnement le sacerdoce chrétien, et qui le représente comme une institution funeste. « Si « le pape, dit-il, comme successeur de saint « Pierre, possède une première et principale « puissance (ce que l'on appelle l'autorité des

« clefs); les évêques, qui ne sont pas, il est vrai,
« successeurs de saint Pierre, mais qui peuvent
« diversement se dire successeurs de saint Paul,
« de saint Jean, de saint Barthélemi et des autres
« apôtres, ont droit à une grande autorité ; les
« simples prêtres, avec leur *droit divin* de lier et
« de délier, peuvent se saisir aussi de quelque
« chose de cette filiation, et prétendre à une
« grande importance » (Pag. 77). Il dit ailleurs
« qu'il ne faut pas croire que l'esprit d'envahis-
« sement est sorti seulement de l'ultramontanisme
« moderne, il appartient tout-à-fait à *l'esprit*
« *prêtre* » (Pag. 93). Ce qui veut dire, en d'autres termes, qu'il est de l'essence du sacerdoce
de porter ceux qui en sont revêtus à des actes de
domination. Il est bon de remarquer, avant de
poursuivre ce raisonnement, que M. de Montlosier confond ici néanmoins deux choses qu'un
abîme sépare : je veux dire le catholicisme et la
religion prétendue réformée. Dans celle-ci, le
libre examen, premier article de leur code religieux, s'il en existe, peut enfanter à l'infini des
interprétations différentes, et la discipline, dans
cette secte, n'est pas plus à l'abri de ces variations

que les croyances dogmatiques. Qui oserait en effet poser des limites au droit que s'attribue chaque réformé d'examiner par lui-même, et de rejeter tout ce qui ne sympatise pas avec ses goûts, tout ce qui ne s'accorde pas avec les lumières de sa raison? Il n'en est pas ainsi dans l'Eglise catholique. Les croyances qui, chez les protestans, ressemblent aux flots agités de la mer, à cause de leur éternelle fluctuation, sont ici fixes et immuables; il n'est donc pas à craindre que les évêques de cette Eglise prétendent jamais changer l'ordre établi par Dieu même, et veuillent s'établir les rivaux des pontifes romains. Ils savent que ce n'est pas aux apôtres Paul, Jean, Barthélemi, etc., mais à Pierre seulement qu'il a été dit par le fondateur du christianisme : *Vous êtes Pierre, et sur cette pierre j'établirai mon Eglise, et les portes de l'enfer ne prévaudront point contre elle.* Le *droit divin de lier* ou *de délier* chez les simples prêtres, ne sera pas interprété par eux autrement que par la puissance de remettre les péchés, en vertu des mérites de Jésus-Christ. En cela l'expérience du passé nous répond de l'avenir, et si nous nous croyons fondés à l'affirmer, c'est qu'il a été fait, il y a dix-huit siècles, une promesse qui ne passera pas. *Non prævalebunt.*

Je reviens à l'examen du sacerdoce chrétien, si malignement interprêté par M. de Montlosier. A qui donc a-t-il voulu en imposer, quand il fait découler du pouvoir tout spirituel de lier ou de délier, tant chez le pape que chez les évêques et les prêtres, un autre droit, suivant lui, inhérent au premier, celui de s'emparer de toute autorité. Mais si cet esprit d'envahissement de pouvoir est, selon lui, une conséquence *nécessaire* de leur état; si c'est un résultat *nécessaire* de la consécration qu'ils ont reçue, il s'en suit, ou qu'il faut les laisser agir, puisqu'ils n'entreprennent rien qui ne soit dans le cercle de leurs attributions (à moins qu'on ne dise que la religion catholique est d'invention humaine), ou qu'il faut les proscrire de tous les lieux, parceque l'on ne pourra jamais échapper à leur funeste influence. Si l'esprit sacerdotal est tel, qu'il faille mettre entre les mains du clergé le gouvernement des choses civiles ; si c'est une folie pour les rois, comme il le dit ailleurs (Pag. 160), de prétendre arrêter le torrent d'une invasion sacerdotale, il faut conclure que l'Etat doit bannir de son sein le clergé catholique, sous peine de s'en laisser asservir.

Et qu'on ne croie pas que cet esprit d'envahissement ne soit qu'un trait distinctif de l'époque où nous vivons. Non ; M. de Montlosier n'en veut pas seulement au clergé actuel, il attaque également celui de tous les âges et de tous les pays. Comme le mal réside, selon lui, dans l'institution elle-même du sacerdoce, il a donc existé de tout temps et dans tous les lieux, de même qu'il existera toujours, à moins qu'il se rencontre un audacieux qui tente de l'extirper dans sa racine.

Les artistes de l'anarchie, en 1792, quand ils eurent consommé un de leurs plus épouvantables forfaits, la mort de l'infortuné Louis XVI, tenaient-ils un autre langage? et n'est-il pas à regretter que M. de Montlosier, qui se déclarait alors le champion des bonnes doctrines, n'ait pas mêlé sa voix à celles des Marat, des David, des Danton, des Robespierre, etc. ! Peut-être ne serions-nous pas attristés de ses perfides dénonciations. Cette voix, qui eût été confondue avec beaucoup d'autres plus criminelles encore, n'aurait peut-être pas retenti jusqu'à nous, et nous ne serions pas réduits à la triste nécessité de réfuter un vieillard pour lequel nous ne voudrions avoir que des sentimens d'estime et de vénération.

Les paroles de l'auteur sont expresses : « Telle « est, dit-il, dans tous les temps, soit auprès des « rois, soit auprès des peuples, *l'attitude des prê-* « *tres*. Dans cette guerre, d'une singulière espèce, « la ruse leur est aussi bonne que la force. S'at- « tribuant tout droit, ils appellent prudence le « sursis qu'ils veulent bien accorder aux rois et « aux peuples, mais toujours en védette pour « épier le moment, ils temporisent quelquefois, « ne se désistent jamais (Pag. 277). Partout le « grand obstacle à notre religion, ce sont les « prêtres.... Voilà le vrai en Angleterre, en Alle- « magne, en France » (Pag. 162). Ainsi, dans tous les temps, et dans tous les pays, les prêtres montrent une attitude ambitieuse. Ils déclarent, dans tous les temps une guerre continuelle aux rois et aux peuples, tantôt en employant la force, tantôt en substituant la ruse à celle-ci; temporisant quelquefois, accordant volontiers des sursis aux rois et aux peuples, mais ne se désistant jamais de leurs prétentions.

Citons encore des passages sur l'article que nous examinons, puisque, en mettant à nu ce faisceau d'impiétés, nous parvenons à découvrir les poisons les plus cachés du *Mémoire*. « J'ai « vu passer avec toute la pompe des cours le « monarque, objet de notre culte (1); autrefois « tout se pressait sur son passage, aujourd'hui « sans doute le fonds de respect et d'affection se « conserve : pourquoi les témoignages ne sont-ils « plus aussi vifs? Le silence des peuples est la le- « çon des rois ; mais ici n'y a-t-il que du silence » (Pag. 260)? Voilà un fait que d'autres peut-être contesteront, mais qui ne doit pas nous arrêter ici. Il nous importe peu aujourd'hui de savoir si, sur le passage de Charles X, dans les rues de la capitale, la foule interrompit ou n'interrompit pas ses travaux pour aller saluer le prince de ses acclamations ; mais ce qu'il nous importe de connaître, c'est le motif du silence dont veut bien nous

---

(1) Nous allons voir bientôt ce que nous devons croire de la vénération de M. de Montlosier pour Charles X.

entretenir M. de Montlosier, et qu'il assure avoir remarqué. Les journaux de l'opposition ne manquèrent pas aussi d'apprendre à leurs nombreux abonnés qu'un petit nombre de personnes s'était trouvé sur le passage de notre monarque, ce que l'on peut expliquer aisément, à mon avis, sans dire que le respect pour le Roi ait été affaibli dans les cœurs ; mais ceux-ci l'attribuèrent à des causes purement *ministérielles*, si je puis m'exprimer ainsi. Pour les uns, c'était la réduction des rentes ; les entraves mises à la liberté de la presse, était pour les autres un motif suffisant pour expliquer ce faible concours des habitans de Paris. Mais, le croirait-on ? M. le Comte n'adopte aucun de ses avis : sa perspicacité est bien plus pénétrante que celle des journaux de l'opposition. Il est entré plus avant dans l'intérieur des consciences. Je ne sais s'il était alors posté sur une de ses montagnes de l'Auvergne ou sur quelque donjon de ses anciens châteaux, mais il paraît que l'horison s'étendait beaucoup pour lui, et qu'il voyait mieux que nous. Qu'est-ce donc, en effet, suivant lui, que ce silence affecté de huit cent mille âmes ? Pourquoi les ouvriers n'ont-ils pas abandonné

leurs ateliers une journée entière pour courir au-devant d'un souverain dont l'image est dans tous les cœurs ? M. de Montlosier va nous l'apprendre : (*et ne rideatis amici;* car le sujet, à la vérité plaisant sous un rapport, a aussi son côté sévère). Il nous apprend donc « que le peuple ayant
« connu que son roi avait abandonné la vie chré-
« tienne pour embrasser la vie dévote, a craint
« qu'il ne s'entourât que de congréganistes, de
« moines de toute espèce, et de ses seuls amis
« catholiques, et que c'est ce qui l'a porté à mon-
« trer de la froideur dans une circonstance où il
« n'aurait dû laisser éclater qu'une vive allé-
« gresse » (Pag. 270 et 271). Quand un écrivain, brisant toutes les barrières, ose ainsi pénétrer dans l'oratoire d'un prince vertueux, porter ses yeux profanes sur des objets que cache la pourpre, tourner ensuite en dérision les secrets d'une âme religieuse, on craindrait de se rendre complice de sa profanation, en réfutant ses erreurs ; il suffit de les transcrire : elles portent avec elles le cachet de l'impiété, et sont frappées par là même du sceau de la réprobation.

Mais ce que nous ne saurions nous empêcher de

réfuter, c'est une crainte qu'il ose insinuer et qui calomnie non-seulement le clergé, mais encore la France entière. Ecoutez donc cet homme à présages sinistres. « Des millions de Français « fidèles n'ont pu préserver Louis XVI du sort « de Charles I*er*, tant était forte alors l'impul- « sion donnée aux opinions populaires; avec celle « qui est donnée aujourd'hui aux *opinions reli-* « *gieuses*, des millions de Français fidèles par- « viendront-ils à préserver la France des évène- « mens de Jacques II » (Pag. 305)? Français, vous l'avez entendu, voilà le crime dont vous devez bientôt vous rendre coupables, à l'instigation des prêtres!

Mais quoi! un homme qui a vécu long-temps en Angleterre, et qui doit par conséquent en avoir étudié l'histoire, la dénature tellement pour le triomphe de ses calomnies, qu'on pourrait lui crier avec plus de raison qu'un grand écrivain, *mentiris impudentissimè!* Qu'a de commun la France de Charles X, avec l'Angleterre de Jacques II? Où sont les factions qui déchirent notre royaume comme le royaume de Jacques était déchiré? Où placez-vous ce nouveau prince d'Orange ennemi de notre Roi, et qui entretient des agens dans notre France; qui envoie des émissaires pour semer la discorde, pour y disposer les esprits à son arrivée; qui fait des préparatifs secrets contre nous, et qui s'annonce hautement comme médiateur entre Charles X et ses sujets? Si tout cela est illusoire aujourd'hui, il n'en était pas de même en Angleterre; c'est donc à tort que vous craignez pour notre Roi l'obligation d'aller chercher une seconde fois, sous un ciel étranger, un asile que ses sujets lui refuseront. Vous avez calomnié les prêtres, vous avez outragé la religion, et vous avez cru le peuple français capable d'un nouvel attentat sur la personne de son Roi!

CHAPITRE VI.

Autres calomnies de M. de Montlosier contre le clergé, au sujet des protestans.

Le bon sens devrait faire une loi à tous les écrivains de ne jamais se permettre de discourir sur des matières qu'ils ignorent. Ils éviteraient par là de tomber dans une foule d'erreurs dont ils n'auraient pas à se repentir dans la suite. Mais le bon sens n'est pas la règle qu'on suit le plus dans ce siècle de lumières ; et M. de Montlosier, qui d'ailleurs ne manque pas d'esprit, n'a pas su éviter cet inconvénient. Entraîné par le désir d'enchaîner à son système anti-sacerdotal, tout ce qui ne lui plaît pas dans la religion, il entasse erreur sur erreur, et je ne craindrais pas d'être contredit si je définissais son ouvrage un mélange de modération et de fureur, de religion et d'impiété. En effet, s'il eût étudié avec plus de soin l'état actuel des différentes sectes chrétiennes, il se fût aperçu que la distance qui les sépare du catholicisme est immense, et qu'il ne faudrait combler rien moins qu'un abîme pour trouver entre elles et notre croyance un point de contact. La réforme telle que l'avaient établie Luther et Calvin pouvait encore, dans le siécle dernier, présenter quelques traits de ressemblance avec la vraie religion de Jésus-Christ; mais il n'en est pas de même aujourd'hui. S'il était donné aux premiers *réformateurs* d'apparaître quelques instans sur la scène du monde, ils seraient tout étonnés de voir que les doctrines pour lesquelles ils avaient combattu jusqu'au fanatisme, ne recueillent des soi-disant réformés qu'une froide indifférence. En vain pour ranimer leurs croyances à demi éteintes, s'enflammeraient-ils d'un louable zèle, tous leurs efforts seraient impuissans chez des hommes qui ne respectent pas plus l'autorité de leurs pasteurs que celle de l'Église romaine. Parlez à un protestant de notre époque du dogme de la trinité dont l'incontestable vérité donna occasion à Calvin de déployer une intolérance si barbare à l'égard de Servet, il vous répondra qu'il ne sait pas ce que vous lui dites; que vous lui parlez d'un mystère dont il ne voit pas clairement la révélation dans les saintes écritures. Demandez-lui sa profession de foi sur l'existence du péché originel, la prédestination et la justification; sur les qualités que doit avoir la véritable Eglise du fils de Dieu, et sur beaucoup d'autres choses qui étaient reconnues comme des dogmes sacrés par les Abadie, les Claude, les Jurieu, etc. Il vous dira qu'ayant usé du droit que les premiers réformateurs lui ont accordé, celui de tout examiner par soi-même, et de ne soumettre sa raison qu'au seul symbole qu'il plaira à la volonté de se décréter; il n'a pas jugé à propos de ranger ces articles dans le code de ses croyances.

Ainsi donc toute la croyance d'un protestant consiste à dire : *Je crois en moi*, tandis que le catholique rejette comme un fragile instrument cette raison individuelle, et commence sa profession de foi par croire à l'Eglise, avant même de croire à la révélation. On peut juger, par cette manière de procéder dans les deux communions, combien peu les doctrines se ressemblent. On sait de plus qu'il y a dans l'Eglise romaine une foule de pratiques qui ne sont pas consignées dans les livres divins, mais qu'une tradition antique nous oblige de respecter, et que nous ne saurions rejeter sans une grande témérité, sans nous rendre même coupables d'hérésie, lorsque l'Eglise les a marquées du sceau de son infaillibilité. Quel cas devons-nous donc faire des assertions de M. de Montlosier, lorsqu'il nous assure avec hardiesse, que « ce qui éloigne les « protestans du catholicisme, ce sont moins les « dogmes que nous professons et l'austérité de « notre morale, que la domination que montrent « toujours et partout les prêtres catholiques » (Pag. 161). Ou les dogmes que professe la religion catholique sont appuyés sur des fondémens divins, ou ils ne le sont pas. S'ils ont tous les caractères de divinité que nous leur reconnaissons, les protestans auraient mauvaise grace de ne pas les adopter, quand bien même *l'ambition de nos prêtres* leur fût odieuse : car ce n'est pas la croyance à la sainteté des prêtres qui nous sauvera, mais à la doctrine qu'ils sont chargés de nous enseigner. C'est donc le seul désir de nuire au clergé, qui a fait entreprendre ce nouveau genre d'attaque à M. de Montlosier ; c'est son zèle à le décrier dans le public, qui lui a fait inventer ces assertions insoutenables. En vain s'appuie-t-il du témoignage d'un évêque d'Angleterre et de celui du comte Liverpool. On sait à quoi s'en tenir sur l'orthodoxie actuelle du clergé anglican et sur la prétendue tolérance de l'honorable Liverpool. Ce vernis de catholicisme dont ils se sont parés un instant pendant la discussion mémorable du bill d'émancipation, dans la Chambre des Pairs, n'était qu'un artifice de plus pour séduire la bonne foi de leurs collègues, et les engager à appesantir de nouveau leur joug de fer sur les malheureux catholiques de cette prétendue *terre de liberté*. Est-ce que M. de Montlosier ignorerait par hasard la déclaration que le clergé d'Irlande (que l'on suppose le plus fanatique) vient d'adresser à ses ennemis? Cette déclaration, véritable monument de sagesse, que l'histoire inflexible présentera aux générations futures, à côté et en opposition du système oppressif de cette prétendue terre classique de l'indépendance, réfute pleinement toutes les calomnies que l'on s'est plu à répandre sur les catholiques opprimés de ce pays. On y trouve les plus solennelles protestations de dévouement à la famille régnante d'Angleterre, et elle dépose contre les imputations de ceux qui, ne connaissant pas la nature du catholicisme, s'obstinent à croire que c'est une doctrine reçue parmi nous, de regarder comme déliés du serment de fidélité les sujets d'un prince excommunié par le pontife romain. Je né sais ce que pourront répondre, et l'évêque de Chester et ses nobles partisans, quand, cette déclaration à la main, les défenseurs de l'émancipation viendront de nouveau réclamer la liberté de leurs compatriotes. Oseront-ils s'élever encore contre l'influence d'un clergé qui proteste avec tant de candeur de son obéissance pleine et entière aux lois de son pays? ou bien iront-ils de nouveau puiser leurs argumens dans les discussions théologiques, et montrer le ridicule danger où s'exposerait l'Etat, s'il accordait le rang de citoyen à l'homme au cœur docile qui adopte la transsubstantiation, comme l'avaient cru ses pères (1)?

« Il en est, ajoute-t-il, de la France, de l'Allemagne

---

(1) Nous avons cru que cette pièce était trop remarquable, pour ne pas en rapporter un long fragment. On la trouvera aux Pièces justificatives, n° 1.

« et de la Suisse comme de l'Angleterre. » Non, c'est moins l'influence temporelle du clergé que le protestantisme y redoute, que son influence spirituelle, si je puis exprimer par ces mots le zèle des évêques et des prêtres pour conserver les dogmes révélés. On voudrait que le catholicisme suivît la marche du siècle et réduisît à quelques articles philosophiques la longue énumération de ses doctrines sacrées. On n'a qu'à lire la *Revue protestante* qui s'imprime à Paris et que l'on peut regarder comme le journal qui représente le mieux le protestantisme de l'époque actuelle, puisque l'on compte parmi ceux qui le rédigent de savans pasteurs de France, des Pays-Bas et d'Allemagne, et l'on sera convaincu de la vérité de mes assertions. On est frappé en la lisant de l'espace immense que la religion réformée a parcouru depuis son origine, et l'on serait tenté de croire que c'est le déisme pur que l'on y professe, si de temps en temps on n'y rencontrait pas l'éloge de la bible, et si, au sujet de ce livre divin, le mot *d'inspiration* n'y était pas glissé quelquefois. Les rédacteurs de cette feuille sont d'ailleurs, autant que les déistes, les ennemis irréconciliables du dogme de *l'autorité* qu'ils regardent comme joug intolérable, et proclament comme la base de leur système la liberté d'examen, que ni synode, ni consistoire, ni pasteur, ni autre autorité semblable n'a le droit de restreindre.

Que M. de Montlosier vienne nous dire après cela que le mur de séparation entre les protestans serait bientôt abattu, si les prêtres voulaient se relâcher de leurs prétentions. En cas de réunion des deux églises, il ne faudrait rien moins que faire adopter à ces nouveaux convertis, la croyance en un seul Dieu en trois personnes que l'on n'ose plus prêcher publiquement à Genève et dont les chaires protestantes de Paris s'abstiennent de parler, sans doute par respect pour ce grand mystère. Il faudrait encore leur faire admettre la divinité de Jésus-Christ sans restriction aucune; les sept sacremens et les sublimes vérités qu'ils renferment; l'autorité de l'église sur les questions dogmatiques, son pouvoir de lier et de délier qui révolte tant les réformés de vieille roche, le droit qu'elle a d'établir des préceptes obligatoires etc., c'est-à-dire qu'il faudrait leur prêcher l'évangile comme les apôtres le prêchèrent à l'univers payen. Je n'entends parler ici que du dogme, car il est visible que la morale des protestans, puisée comme la nôtre dans l'évangile, a des droits à notre respect, et que nous ne saurions l'assimiler à la morale du paganisme sans nous rendre coupables de mauvaise foi à leur égard.

Que répondra M. de Montlosier à ces raisonnemens dont il ne saurait nier la justesse, puisqu'ils roulent sur des faits de l'exactitude desquels il peut lui-même s'assurer. Aura-t-il encore le courage de rejeter sur les prêtres ce que l'on ne doit attribuer qu'à la nature même de la religion réformée?... Quelle est donc inexplicable sa haine contre le clergé, puisqu'elle le porte à avancer des faits dont il est si facile de démontrer l'imposture!

CHAPITRE VII.

Attaques de M. de Montlosier, dirigées contre les évêques en particulier.

Dieu me garde de jamais approuver le mal, quand bien même je le verrais commettre par ceux à qui le sacré caractère impose une obligation plus stricte de sainteté. Mais encore, avant de censurer la conduite des hommes, faudrait-il avoir des preuves évidentes de leurs méfaits et ce n'est pas sur de simples apparences que l'on doit juger leurs actions. Cette pompe dont ils s'environnent quelquefois peut bien n'être qu'un moyen innocent pour captiver notre respect; et ces richesses d'ornemens qui nous étonnent, ne sont peut-être qu'un sacrifice imposé par les circonstances.

Ces réflexions peuvent servir à expliquer l'éclat qui accompagne quelquefois un évêque dans ses visites pastorales, ou dans quelqu'autre de ses fonctions. Je le demande à tout homme de bonne foi, et à celui qui sait imposer silence aux préjugés avant d'entreprendre une discussion. Aujourd'hui qu'une partie du peuple en France, depuis notre malheureuse révolution, a des préventions fâcheuses contre le clergé; aujourd'hui que ses passions irréligieuses frémissent à la seule vue d'un habit ecclésiastique, voudrait-on que les premiers pasteurs, que l'on ne saurait trop environner de considérations, si l'on veut que leur zèle à faire le bien soit efficace, parussent dans toute la simplicité des premiers temps du christianisme, au milieu d'une populace qui s'agiterait, en les voyant, les montrerait au doigt, peut-être même s'emporterait à des excès dont notre plume refuse de retracer le tableau!

Qu'il ne nous arrive donc pas de tenter la providence, et de demander au ciel qu'il renouvelle les prodiges qui ont fondé le christianisme. Ils étaient encore assez beaux, les temps où l'Eglise avait pour pasteurs les Augustin, les Ambroise, les Chrysostôme, les Léon, les Cyprien, les Grégoire de Nazianze, les Martin de Tours; cependant l'histoire ne nous dit pas que ces prélats aussi célèbres par l'éclat de leurs talens que par l'éminence de leurs vertus, se soient conformés rigoureusement aux conseils de Jésus-Christ, et se soient montrés à leurs brebis aussi pauvrement vêtus que les apôtres.

Que savez-vous donc, M. le Comte, si les évêques dont vous censurez la conduite en disant que « les apôtres d'autrefois n'ont pas prétendu à l'espèce de consistance et de dignité que « réclament les apôtres d'aujourd'hui » (Pag. 81), ne gémissent pas les premiers de cette grandeur dont ils sont obligés de s'entourer? Si vous aviez pénétré dans le sanctuaire de leur conscience, vous auriez peut-être été témoin d'un spectacle bien autrement imposant que la pompe des vaines richesses que vous leur reprochez, celui d'un combat à outrance contre les passions du cœur, et de cette profonde humilité intérieure, si recommandée par le christianisme et si peu pratiquée parmi les gens du monde. Combien de fois le cilice et la bure se sont cachés sous l'éclat de la pourpre? On connaît la magnificence qui régnait dans le palais d'un prélat, dont le nom n'est jamais prononcé qu'avec respect par les hommes de toutes les opinions. Est-ce à dire que rougissant de l'Évangile, Fénélon n'en pratiquait pas les préceptes? Mais son savant historien, le cardinal de

Beausset, qui aurait pu lui-même nous servir d'exemple en ce genre, nous apprend que l'archevêque de Cambrai, après avoir accordé à son nom, d'origine illustre, ce que les convenances exigeaient de lui, se retirait dans une humble cellule pratiquée dans son palais, et que là, prosterné devant le scrutateur des consciences, il pratiquait des actes de la plus sincère humilité.

Si, en affectant de parler des équipages et des palais de MM. les évêques, on convenait au moins que la plupart d'entre eux possédaient ces richesses avant leur nomination à l'épiscopat; si on voulait bien ajouter que l'emploi des richesses qu'on leur suppose, souvent avec exagération, est bien autrement différent que celui de la plupart des grands du monde, alors nous soupçonnerions moins de mauvaise foi leurs accusateurs. Si en rappelant les émolumens accordés à un évêque ou à un archevêque, ils ne passaient pas sous silence les bienfaits qu'ils répandent sur les pauvres, les établissemens utiles qu'ils forment, et où l'innocence ou le repentir viennent trouver un abri contre les séductions du siècle, les effets de leurs déclamations seraient moins à craindre.

J'ai connu un de ces respectables prélats, et le souvenir de ses bonnes œuvres sera toujours gravé dans mon cœur. C'est l'évêque de D.... en Provence. Si jamais cet écrit parvenait entre ses mains, sa modestie souffrirait trop de voir son nom recommandé à l'estime des hommes : aussi je m'abstiens de le nommer. Mais je ne crains pas de le dire, il n'est pas un seul de ses diocésains, royaliste ou libéral, chrétien ou incrédule, qui ne parle de lui avec beaucoup d'attendrissement. Qu'il est beau de le voir dans ses courses pastorales, accompagné d'un seul domestique, gravir les plus hautes montagnes des Alpes pour ne laisser aucune de ses brebis sans consolations; ou se servant d'une monture semblable à celle qui servit au modeste triomphe de Jésus-Christ, lors de son entrée à Jérusalem, parcourir les hameaux solitaires et surprendre par une arrivée imprévue ces bons habitans de la vallée.

On a beaucoup admiré, et avec raison, le trait touchant de l'archevêque de Cambrai, lorsqu'il ramène, de ses propres mains, à une famille désolée une vache dont la perte faisait la ruine de la maison. Me sera-t-il permis de raconter une anecdote de ce bon évêque de D...., et qui a quelque ressemblance avec celle de Fénélon. Il venait de D.... à Aix, lorsqu'il rencontra sur sa route un jeune enfant qui se lamentait. Il s'approche de lui et s'informe du sujet qui l'attriste. « Je gardais mes jeunes chevreaux, lui répondit l'enfant, et voilà que leur mère s'est égarée dans le bois sans que je puisse la retrouver. » L'évêque désirant ne pas le quitter qu'il ne lui eût rendu sa chèvre, prend un chevreau entre ses mains, et le presse jusqu'à ce qu'il lui ait fait jeter des cris aigus. La mère qui entendit ces cris accourut, et l'enfant fut consolé.

CHAPITRE VIII.

Nouvelles erreurs de M. de Montlosier, et ses attaques contre les Evêques-Pairs.

Lorsque les fauteurs des excès dont la révolution française s'est souillée, furent fatigués de leurs désordres, et qu'un audacieux se fut présenté pour recueillir les débris de la société et la reconstituer de nouveau, il n'oublia pas de la placer sur ses antiques bases, c'est-à-dire de la fortifier de la religion, la seule et vraie conservatrice des empires. Mais il s'en faut bien que cet homme ait accompli tout ce qui était en son pouvoir pour rendre à la religion son ancienne splendeur. C'est moins son éclat qu'il souhaitait relever, que de se procurer par son moyen un point d'appui chez les hommes religieux. Aussi quand il crut la couronne de saint Louis affermie sur sa tête, par un excès d'ingratitude qui pèsera toujours sur sa mémoire, il méprisa ce qui l'avait aidé si puissamment à s'attirer l'estime des Français, et fit essuyer à l'Eglise des outrages de plus d'un genre. Il enchaîna celle à qui il devait la plus grande partie de ses succès, et prétendit l'asservir à sa puissance d'un jour. Dès-lors les églises privées de leurs pasteurs, n'eurent pas même l'espérance d'être consolées; la clôture de plusieurs maisons ecclésiastiques, si nécessaires pour former à la vertu les jeunes clercs; la captivité de plusieurs prélats et de plusieurs autres ecclésiastiques distingués par leur mérite; le silence imposé aux meilleurs orateurs chrétiens dont on redoutait le zèle évangélique, et tant d'autres faits qui accusent Napoléon, font assez comprendre aux moins clairvoyans que la religion de Clovis, de Charlemagne et de saint Louis, devant laquelle Henri IV et Louis XIV avaient également courbé leur front; qu'avaient pratiquée naguère les Villars, les Turenne, les Condé, l'honneur de notre antique gloire; qui avait eu pour pontifes Bossuet, Fénélon et Belzunce; pour prêtres Vincent de Paule et Bourdoise; pour orateurs Massillon et Bourdaloue; était dès ce moment l'objet d'une lente persécution qui ne finirait qu'avec la religion elle-même.

Comment faut-il donc appeler l'assertion de M. de Montlosier quand il nie ce triste état de l'Eglise de France, et qu'il assure avec une inconcevable hardiesse, « que les institutions religieuses « étaient rétablies partout à l'époque de la restau- « ration et que le pouvoir a eu tort de n'avoir aper- « çu partout que des ruines, et de s'être *précipité* « vers la religion et le clergé; que c'étaient les ins- « titutions religieuses qui manquaient le moins » (Pag. 286). Veut-on savoir ce qui pressait le plus, selon ce singulier publiciste, c'était moins la religion que le rétablissement des institutions féodales qui ont si long-temps pesé sur notre pays. La création de l'ancienne chevalerie eût plus flatté son cœur, que la réédification de tous les temples renversés par l'ouragan révolutionnaire. Ce désir perce dans tous les ouvrages que le noble Comte a composés depuis la restauration, et il avoue dans celui qui nous occupe, « qu'il ne vou- « drait pas répondre que le rétablissement des « tournois n'amusât beaucoup tout le peuple de « Paris, et que les dames, si le costume antique « leur allait bien, ne raffolassent de ce spectacle » (Pag. 275). Voilà donc une réunion de beaux chevaliers et de dames, parées à l'antique, qui lui paraît préférable à une cérémonie religieuse. En vérité on ne sait si l'on doit plutôt rire que s'attrister de ces inexplicables bizarreries.

Est-il bien vrai encore que le gouvernement français se soit précipité vers la *religion et le clergé*, comme l'assure M. de Montlosier. Il a donc oublié les retards qu'a éprouvés l'exécution du concordat entre le souverain pontife et le roi de France, et le pitoyable état dans lequel se sont trouvées jusqu'en 1822, la plupart des Eglises dénuées de pasteurs, comme sous les dernières années de l'empire. Il a également oublié les tracasseries de plusieurs ministres qui ne voulaient de la religion que ce qu'il leur en fallait pour se maintenir dans leur poste, et qui regardaient l'Eglise de France comme une branche de leur administration. M. de Montlosier connaît ces choses mieux que nous, et s'il ne les a pas avouées, c'est sans doute pour avoir occasion de lancer de nouvelles épigrammes contre l'épiscopat.

Ce n'est pas sans quelque inquiétude qu'il voit plusieurs évêques admis dans la Chambre des Pairs; ces prélats, selon lui, « faussent toutes les

« attitudes quand on les voit quitter l'étole pour
« la toge et la toge pour l'étole, et cumuler les
« fonctions de prêtre, de législateur et de ma-
« gistrat » (Pag. 216). Mais pourquoi les exclure
d'une dignité dont vous pouvez vous-même être
revêtu ? Leur refuseriez-vous les lumières qu'ils
peuvent acquérir aussi bien que vous? Je ne
sache pas que les Suger, les Ximenès, les Richelieu et les Mazarin, aient moins connu la manière d'administrer un royaume que les Pombal,
les Sully, les Colbert, les Turgot, etc. Vous
avouez vous-même « qu'après avoir suivi nos
« vieilles chartes, vous avez été convaincu que
« l'administration des évêques non-seulement
« égalait, mais encore surpassait en équité, en
« bonté, en paternité, l'administration la plus
« renommée des hauts barons » (Pag. 222). Quel
crime trouvez-vous donc que quelques évêques
pleins de lumières et surtout de vertus, soient
mis aujourd'hui sur le même rang qu'occupent un
bien plus grand nombre de *hauts barons*, pour
y discuter les grands intérêts du royaume, dont
ils sont obligés plus que personne de prendre la
défense, puisque par leur état, ils doivent avoir

pour tous les membres de ce royaume des entrailles de père ?

Il ne s'opposerait pas à la vérité à ce que « le « monarque appelât quelquefois auprès de lui les « princes de la vie spirituelle. La Cour des Pairs « en Angleterre fait entrer de même momenta- « nément dans son enceinte un certain nombre de « grands juges qui l'éclairent sur les formes du « droit, mais ce n'est que momentanément; elle « se garde bien de les constituer en office perma- « nent et d'en faire une puissance » (Pag. 287). Pour excuser ses intentions, M. de Montlosier cite donc l'exemple de l'Angleterre, et c'est précisément dans ce pays que la haute Chambre est le plus pourvue de Pairs ecclésiastiques : mais, lui dira-t-on, puisque c'est dans nos Chambres que les grandes questions politiques et religieuses sont agitées à la fois, ne convient-il pas que la religion ait aussi ses représentans ? Qui éclairera nos législateurs sur différentes matières tant de dogmes que de disciplines, si les dépositaires-nés de la foi ne sont pas présens pour s'opposer à la confusion des deux pouvoirs ? Car on peut sans manquer de respect à nos illustres seigneuries, avancer qu'il est très possible que la science ecclésiastique leur soit moins familière qu'aux évêques, et ce n'est pas les injurier de dire que les premiers pasteurs dans la haute Chambre y sont comme le phare qui éclaire le chaos des diverses nuances d'opinions religieuses que l'on remarque parmi ses membres.

CHAPITRE IX.

Erreurs de M. de Montlosier, touchant la nécessité d'une religion.

La religion est aussi ancienne que le monde; elle naquit avec le premier homme qui l'a transmise à ses descendans. Qu'on déroule les fastes de l'histoire, l'on y verra que dans tous les lieux et dans tous les temps les hommes se sont occupés à apaiser le ciel ou à se le rendre favorable; et jamais on n'a trouvé de horde si barbare qui n'eût quelque sentiment religieux. Toujours un pouvoir supérieur a fait prosterner le genre humain au pied des autels, et de tous les points de la terre une voix puissante n'a jamais cessé de monter vers les cieux pour y porter les prières et les adorations des mortels.

C'est encore une vérité incontestable et que tous les peuples tant anciens que modernes se sont plus à reconnaître, que sans la religion il n'y a point de salut pour les peuples; qu'elle est la plus indispensable de toutes les institutions et qu'en vain on parlerait d'avenir pour une nation, si elle refusait de la proclamer la souveraine des intelligences. Mais M. de Montlosier n'est point de cet avis. Dans un endroit de son livre où il engage les princes et les ministres à se débarrasser des prêtres, il leur propose un moyen facile pour parvenir à ce beau résultat, c'est de se passer de religion. « Si vous n'avez pas de religion, les prê-« tres ne vous seront pas un obstacle » (Pag. 288). Ces paroles ne sont-elles pas claires, n'expriment-elles pas le désir de voir abolir toute religion? Après avoir employé tous ses raisonnemens pour jeter de la défaveur sur le clergé, il craignait apparemment qu'on ne se méprît sur le but de ses attaques, et voilà qu'il s'explique sans figures. Princes, vous n'auriez pas osé sévir directement contre des hommes que vous avez regardés jusqu'ici comme vos amis, vous auriez craint de manquer de politesse à leur égard en leur donnant congé de vos états; faites mieux si vous ne voulez pas que les prêtres vous soient un obstacle, déclarez à vos sujets que les devoirs religieux vous pèsent et que vous ne sauriez en continuer la pratique. Dites-leur encore que la religion est un poids qui vous accable et que vous êtes d'avis de vous en décharger. En conséquence, décrétez une défense des cérémonies religieuses, fermez les temples qui servent au culte, envoyez des hérauts dans les salons de l'opulence et sous le chaume de la cabane pour les faire retentir de ces mots : Il n'y a plus de religion; et que l'écho les répète jusque dans le fond de vos provinces. Princes, *abolissez la divinité*... Les prêtres qui n'auront plus rien à faire chez vous, seront bien forcés de s'éloigner pour courir à l'exploitation d'un royaume plus docile. De cette manière vous sauverez les convenances et vous vous allégerez d'un fardeau qui aurait fini par vous devenir insupportable : car si vous êtes religieux vous n'auriez pas su vous garantir du joug sacerdotal; tôt ou tard les prêtres auraient été des sangsues qui auraient dévoré tout votre avoir et celui de vos sujets. « Comment en « effet refuser quelque chose à des hommes qui « disposent non-seulement d'un bonheur passa- « ger ici bas, mais de tous les biens de l'autre « vie » (Pag. 288). Telles sont les conséquences du système irréligieux de M. de Montlosier.

Dans plusieurs autres endroits de son ouvrage, M. de Montlosier fait entendre que les lois ecclésiastiques qui prescrivent certains jours pour la solennité du culte ont été faites pour d'autres temps (Pag. 198). Mais si ces lois ne sympatisent plus avec notre époque, pourquoi nous apprenez-vous « qu'en votre qualité de simple chrétien, vous « allez *quelquefois* à la messe de votre paroisse » (Pag. 185). Par cette inconséquence, vous descendez donc de la hauteur du siècle? C'est une chose impardonnable. Vos nouveaux alliés dont vous *dédaignez l'accueil* se repentiront de vous avoir fait siéger *in docto corpore*, et crieront au jansénisme en vous voyant.

Ailleurs, M. de Montlosier fait entendre que la religion n'est pas une institution indispensable, comme on le croit communément, et il prétend « que par la force de l'habitude, et sans son « entremise, on peut obtenir les observances les « plus difficiles » (Pag. 233); et un peu plus haut: « J'ai à écarter de fausses doctrines qui « mettent le principe des mœurs dans la reli- « gion » (Pag. 231). Le voilà donc en opposition avec les législateurs et les hommes éclairés de toutes les époques, qui ont cru qu'à la religion seule appartenait la sanction des mœurs ; qu'elle seule pouvait obtenir de l'homme une véritable obéissance aux lois qui régissent la société, et qu'inutilement on commanderait l'observation d'une morale publique, si la religion ne venait apposer son autorité. Les lois humaines sont elles-mêmes un frein impuissant pour empêcher le débordement des mauvaises mœurs. Que peuvent être, en effet, les lois d'un pays pour un homme qui ne croit pas en Dieu, sinon des chaînes tyranniques qu'il s'efforcera de briser dès qu'il en aura l'occasion ; et puis les lois punissent-elles tous les crimes ? Peuvent-elles, comme la religion, faire trembler le coupable qui n'a pas de témoin, qui se croit assuré de l'impunité, et de jouir ainsi du fruit de ses forfaits ? N'est-il pas vrai encore qu'il se trouve des hommes qui, à force d'artifices, sont parvenus à placer leurs injustices sous la protection même des lois ; témoin ceux qui s'adonnent à l'usure.

Il est donc vrai que la religion seule peut faire fleurir les mœurs, et qu'il n'y a ni *force d'habitude*, ni *férule de régent* qui puissent rendre un cœur vertueux. Jetez les yeux sur ces êtres qui ont abjuré tout sentiment religieux, principalement dans la classe des misérables, quelle dégradation n'apercevez-vous pas dans tout leur être? Sont-ils capables de quelques sentimens généreux, ces hommes grossiers et immoraux? Ils se traînent dans la fange du vice; ils s'en repaissent comme d'une pâture délicieuse, et l'on ne trouve rien en eux qui retrace la noble image du Créateur : tant leur corruption est profonde! Qui retirera ces hommes de cet abîme de dégradation morale dans lequel ils sont tombés? La force de l'habitude? mais ils n'ont d'habitude que pour le vice! Les lois humaines? mais elles ne peuvent pas atteindre tous les désirs coupables, tous les actes immoraux! Il n'y a donc que la religion seule dont le frein puisse les retenir. Mais par qui sera prêchée cette religion ? Qui entreprendra cette fonction pénible et rebutante de *converser avec le vice*, pour le faire rougir de lui-même? Je ne vois qu'un bon prêtre capable d'une telle entreprise. Non, je me trompe. M. de Montlosier me dit « qu'il n'est pas du ressort des prêtres « de réformer les mœurs, qu'ils sont peu propres

« à cette œuvre » (Pag. 239). Voilà une découverte admirable; mais qui donc chargerez-vous de cette œuvre si essentielle ? « Les théâtres, la « littérature, les académies » (Pag. 242). Je n'examine pas ici si les maximes que l'on débite au théâtre sont propres ou non à corriger les mauvaises mœurs (1), et si la littérature ou les académies ne contribuent pas plutôt à les corrompre qu'à les épurer; mais encore faut-il que la classe ignorante de la société puisse comprendre les maximes du théâtre et sache démêler ce qu'elles peuvent avoir de bon, d'avec ce qu'elles ont de dangereux. Il faut qu'elle soit à portée aussi de suivre les mouvemens de la littérature, et capable de puiser des sentimens généreux dans les maximes académiques. Certes, ce n'est pas là une petite tâche. M. de Montlosier l'ambitionnerait-il?

---

(1) On traitera plus bas cette question.

CHAPITRE X.

De l'alliance de la religion avec la politique. — Du refus de Sacremens.

Une des plus graves erreurs de M. de Montlosier, c'est de croire que le sacerdoce tend par sa nature à s'élever au-dessus de tous les autres pouvoirs, et que les prêtres, par conséquent, veulent faire dominer la politique par la religion. Il a confondu deux choses qu'il faut essentiellement distinguer, l'alliance et la confusion des deux pouvoirs. La confusion ne peut exister que dans un gouvernement où la forme théocratique aurait été volontairement acceptée ; mais elle ne peut plus convenir à un peuple vieilli dans la civilisation. L'alliance de la religion et de la politique, au contraire, peut exister dans tous les temps, et on ne verrait jamais de nation gouvernée avec sagesse, si la religion n'entrait comme élément dans sa constitution et ses formes administratives.

Ce qui avait rendu le royaume de France le plus florissant de tous, c'est le rapprochement intime qui existait entre la religion catholique et le trône de nos rois. Ces deux noms, la religion et le roi, étaient tellement liés entre eux, qu'on ne pouvait jeter de la défaveur sur l'un, sans que l'autre s'en ressentît. Delà cette bienveillance réciproque, cette mutuelle protection. Les monarques, accoutumés à entendre de près les leçons sévères du christianisme, connaissaient mieux leurs devoirs respectifs; et, si les prêtres, qui ne devaient avoir qu'une influence paternelle, venaient à abuser de leur autorité, le prince, qui en connaissait les limites, opposait aussitôt une barrière à leurs injustes prétentions.

Je n'entends pas dire que cette alliance du trône et de l'autel soit tellement nécessaire, que la religion ne puisse subsister sans elle. Je sais qu'elle était dans toute sa force et dans tout l'éclat de ses vertus, lorsque les rois, au lieu de la favoriser, se liguaient entre eux pour la détruire. Trois siècles d'une cruelle persécution ne firent que la rendre plus forte et plus invulnérable. Si nous jetons les yeux sur les Eglises d'Irlande et de la

Belgique, qui sont en butte aujourd'hui aux caprices d'un gouvernement intolérant, nous les verrons pleines de foi et indignées des chaînes dont on voudrait lier leurs consciences. Ce n'est donc pas l'Eglise qui a besoin de l'Etat, quoiqu'elle voie avec gratitude qu'on la seconde dans ses projets de faire le bien; mais c'est l'Etat qui a besoin de s'appuyer sur elle, sous peine de travailler à sa propre destruction.

Un écrivain qui fait preuve de bon sens et de talens, quoique son orthodoxie paraisse suspecte à plusieurs, a confessé ce besoin de l'Etat. « Je « sais bien, dit-il, que les gouvernemens ont un « grand intérêt à s'allier à la religion, parceque, « rendant les hommes meilleurs, elle concourt « puissamment à l'ordre, à la paix, et au bonheur « des sociétés » (1). Si les gouvernemens ne sont établis que pour maintenir *l'ordre* et la *paix* parmi les citoyens, et si la religion a infiniment plus de moyens qu'eux pour réaliser cet *ordre* et cette *paix*, ne faut-il pas conclure que le plus grand crime d'un Etat serait de répudier, comme une

---

(1) Discours de M. Royer-Collard sur la loi du sacrilége.

étrangère, celle qui seule peut rendre les *hommes meilleurs*.

J'espère que les déclamations de M. de Montlosier viendront expirer contre ces principes d'une immuable vérité, et que l'on ne l'entendra plus épiloguer sur le *gladium gladio copulemus* qui lui a fourni le texte de mille invectives contre Bossuet, MM. l'évêque d'Hermopolis et l'archevêque de Paris. Il est évident que Bossuet, dans son immortel discours sur *l'unité* de l'Eglise, n'a entendu, par l'alliance des deux glaives, qu'un appui de bienveillance, et ce qui le prouve, ce sont les paroles que ce grand évêque emprunte à un empereur, et que M. de Montlosier a voulu ne pas comprendre. Cet empereur ne disait pas, comme il l'insinue : « Je veux vous *seconder et* « *servir* par notre puissance, pour que vous puis- « siez exécuter ce que votre autorité vous de- « mande » (Pag. 152). L'Eglise n'aurait su que faire de ce bras de chair. Suspendue entre le ciel et la terre, elle n'a besoin que d'une main puissante, mais invisible, pour conserver son immortalité. Les paroles de l'empereur sont donc celles-ci : *Famulante ut decet potestate nostrâ : Je vous seconderai autant qu'il me conviendra de le faire :* UT DECET. Ce qui est extrêmement sage, puisque le respect dû à la puissance spirituelle est concilié avec le respect que celle-ci doit à la temporelle. UT DECET.

M. Frayssinous a donc pu dire, sans compromettre les principes gallicans, que « le discours « de Bossuet a d'autant plus d'autorité que l'as- « semblée générale devant laquelle il fut prononcé, « l'a comme sanctionné, en l'appelant pieux, « savant, éloquent, dans sa lettre aux évêques « de France pour leur donner connaissance de « ses opérations » (Pag. 153). Il renferme, en effet, les vrais principes de l'Eglise catholique, dont le renversement a eu, de nos jours, des suites si déplorables. La noble franchise avec laquelle Bossuet les a proclamés en face du souverain le plus jaloux des droits augustes de la royauté, fait l'éloge et de sa modération et de son inébranlable fermeté.

D'après cet exposé fidèle des principes reçus par tous les hommes modérés de toutes les opinions, il s'ensuit que les deux pouvoirs ne doivent jamais établir entre eux des rivalités qui puissent rompre la bonne intelligence. L'Etat a des lois, l'Eglise doit les respecter et donner la première l'exemple de la soumission. Mais l'Eglise a aussi sa constitution dont elle est seule juge. Si pour prouver son obéissance aux lois civiles, elle verserait volontiers son sang, l'Etat, de son côté, doit une soumission pleine et entière à ses préceptes divins. Ainsi dans l'administration des sacremens, dans l'affaire des sépultures dont M. de Montlosier fait grand bruit (Pag. 283), il ne peut pas obliger un prêtre de cette Eglise à exercer un acte de son ministère, quand celui-ci ne jugera pas à propos de l'exercer. Le prêtre ne doit compte de ses actions qu'au tribunal spirituel (Il est clair que je ne parle ici que des actes qui résultent de l'exercice du ministère sacerdotal). Vouloir le contraindre à un acte qui lui répugne ou qui lui est interdit par son chef direct, c'est exiger le sacrifice de ses devoirs, c'est se rendre, par conséquent, coupable d'injustice et de tyrannie. On craint d'alarmer les familles; mais ne doit-on pas craindre aussi d'alarmer la conscience d'un prêtre? Y a-t-il quelque chose de plus inviolable que le sanctuaire de la conscience? Et si on ne le respecte pas, que respectera-t-on sur la terre?

Pour ce qui regarde le refus de communion, c'est un cas différent. « Sous l'ancien régime, dit « M. de Montlosier, avec nos lois et la jurispru- « dence établie, un curé qui se serait permis de « refuser la communion à la sainte table eût été « poursuivi juridiquement. Aujourd'hui les cours « sont muettes, le gouvernement tolère les abus « ou les protège; les journaux qui sont à sa dis- « position les préconisent » (Pag. 283). L'acte auquel M. de Montlosier fait ici allusion, a été démenti dans les journaux par le prêtre même sur qui pesait ce scandale. S'il se fût rendu coupable à ce point, l'Eglise qui a prévu ce cas et qui a imposé à ses ministres l'obligation d'éviter un grand scandale, n'aurait pas attendu que l'autorité sévît contre lui. Elle eût lancé contre lui un anathème qui l'aurait fait repentir de sa faute.

CHAPITRE XI.

Erreurs de M. de Montlosier sur la vie dévote.

En lisant les éloges pompeux que notre antagoniste adresse à la vie dévote, on le croirait un nouveau saint Jean Damascène, ou si l'on veut mieux, un autre Fénélon. Mais qu'on ne s'y trompe pas, cette vie qu'il préconise tant, il la croit néanmoins incompatible avec l'ordre social. On ne peut exhorter les hommes à l'embrasser, sans méconnaître, selon lui, le christianisme, sans faire un contre-sens complet dans la religion. Pourquoi donc faire l'éloge d'un état de vie qui contrarie la nature de l'homme? N'est-ce pas un leurre de plus que M. de Montlosier a présenté aux gens simples pour leur en imposer mieux?

Mais si le commun des chrétiens ne peut s'accommoder à ce genre de vie, s'il ne peut s'allier avec leur manière d'exister, M. de Montlosier veut cependant que la vie dévote soit le partage exclusif des prêtres. Il oublie donc ce qu'il a avancé en cent endroits de son livre, que le prêtre est moins apte qu'un autre à se plier à cette manière de vivre. En effet, la base de la vie dévote est l'abnégation de soi-même, et d'après ses principes, le prêtre est infiniment porté à des pensées ambitieuses. Celui qui embrasse cette vie s'impose d'avance l'obligation de ne vivre que pour les autres, que pour procurer le salut de ses frères, et le prêtre ne conspire qu'à leur asservissement, ne tend à rien moins qu'à faire peser sur leur tête un joug tyrannique. Comment expliquer cette contradiction?... Mais puisque vous vous amendez un instant, M. le Comte, et que, rétractant l'ordre que vous aviez déjà donné de proscrire les prêtres, vous vous contentez de demander « leur totale séparation de la vie civile » (Pag. 217), quelles raisons nous donnez-vous pour en agir ainsi? L'intérêt de la société! Mais vous ignorez donc que leur influence ne dépend ni d'une cloison, ni d'une barre de fer? Avec leur esprit *essentiellement* enclin à la domination, ils trouveront toujours les moyens de briser les barrières que vous opposerez à leur envahissement.

Croyez-moi, M. le Comte, le prêtre ne doit pas plus appartenir *exclusivement* à la vie dévote que vous et moi. Soutenir qu'elle n'est faite que pour lui, c'est ne pas connaître la nature du sacerdoce; car le prêtre n'est pas prêtre pour lui-même, sa mission est de se consacrer au salut des autres. La terre qu'il habite ne lui a pas été donnée pour en faire un lieu de pure contemplation, il doit la travailler de mille manières pour la fertiliser; il doit la traverser en tout sens pour y semer le bien. Sans doute il doit être saint, mais l'éclat de sa sainteté doit rejaillir au loin. C'est un modèle de vie terrestre qu'il ne faut pas cacher sous le boisseau, mais qu'on doit élever sur les plus hautes montagnes pour être aperçu de tous. Le prêtre doit être dans l'État, pour engager par ses discours, et plus encore par ses exemples, les peuples à la soumission et à la paix, pour exciter les esprits indifférens, pour réveiller les consciences endormies; il doit se montrer dans la cité pour faire pâlir le vice en sa présence, il doit paraître dans la famille pour y calmer les désunions, pour y établir l'empire des vertus.

M. de Montlosier accuse ensuite le clergé de vouloir transporter la vie dévote dans la vie civile, sans doute pour charger les autres d'un fardeau qui le gêne; mais je ne sache pas qu'il soit jamais venu dans la pensée d'aucun ecclésiastique de transformer les villes en de vastes monastères. Si M. de Montlosier prétend nous donner pour des vérités tous les rêves de son imagination, il lui est bien permis de l'entreprendre, mais il ne nous est pas interdit d'en sourire de pitié. A quel propos adresse-t-il une pareille accusation? c'est parceque le clergé, du haut des chaires chrétiennes, fait entendre ces paroles de son divin instituteur: *Qui amat periculum peribit in periculo.* Mais cette maxime consacrée dans les évangiles, n'est-elle pas fondée sur la raison? Sera-t-on coupable d'exagération, quand on tonnera contre des réunions où l'innocence rencontre souvent de dangereux écueils? Et si les spectacles offrent des dangers imminens, si l'on a vu des hommes solidement vertueux venir échouer à des représentations dramatiques, compromet-il l'évangile celui qui fait retentir à nos oreilles peu attentives, cet oracle éminemment vrai : *Qui amat periculum peribit in periculo ?*

Pour mieux compléter la liste de ses calomnies, M. de Montlosier assure que les prêtres ont deux balances pour ce qui regarde les théâtres ; et pour le prouver, il cite l'exemple de plusieurs personnages augustes ; mais si nous lui demandons le nom de ce directeur de conscience qui *permet* à un pénitent ce qu'il défend à un autre, nous l'apprendra-t-il ? Doit-il se fonder sur de simples conjectures, quand il s'agit de déposer sur un fait d'une aussi grave importance ? Pourrait-on dire qu'un directeur a permis l'usage de la calomnie à celui qui s'en servirait après avoir rempli des devoirs religieux ? Il en est de même de tous les actes défectueux : un confesseur n'en est jamais responsable.

Du reste, M. de Montlosier sait fort bien qu'une *bonne pièce* de théâtre, ne devient pas mauvaise par cela seul qu'elle est représentée ; mais bien par des circonstances tout-à-fait distinctes de la tragédie ou comédie. La charité lui faisait donc un devoir de croire que ces circonstances qui sont mauvaises pour plusieurs, peuvent cesser de l'être pour d'autres. En obéissant à ce précepte de la charité, il se serait abstenu de blesser des convenances qu'il aurait dû respecter.

CHAPITRE XII.

De l'ultramontanisme et de la déclaration de 1682. — Erreurs de M. de Montlosier à ce sujet.

L'Église est une dans sa doctrine; et ce principe qui sert à la distinguer des diverses sectes chrétiennes, est de l'essence même du catholicisme. En vain se dirait-on catholique, si, en matière de dogmes, on pensait autrement que l'Eglise gardienne du précieux dépôt de la vérité; et du consentement de tous les docteurs chrétiens, l'Eglise romaine est cette dépositaire incorruptrice des vérités révélées. C'est donc vers elle qu'il faut lever les yeux pour s'assurer de notre croyance; c'est dans son sein qu'il faut puiser l'aliment de notre foi. Telle a été depuis la prédication de l'évangile la croyance généralement reçue dans l'Eglise catholique. Pourquoi faut-il que des principes si clairs, dont les conséquences sont si faciles à déduire, aient été la cause de plusieurs querelles dans la chrétienté, et le prétexte de mille accusations contre la vraie religion de Jésus-Christ ?

L'Eglise catholique vivait en paix. Un roi grand par son caractère, plus grand encore par son respect pour la religion, oublie un instant ce qui faisait véritablement sa grandeur, et allume, au sein de son royaume, un foyer de disputes qui n'est pas encore éteint de nos jours.

Suivons M. de Montlosier dans l'historique de ces évènemens. Plus d'une fois nous aurons à gémir de la triste impulsion qu'a donnée un roi de France à des disputes qui ne tendent à rien moins qu'à affaiblir la foi dans les uns et refroidir la charité dans les autres. « Louis XIV, après avoir
« contenu au-dehors les prétentions des puissan-
« ces étrangères, à Rome même, les prétentions
« du pape, n'eut point à s'occuper, comme il au-
« rait à le faire aujourd'hui, des divers pouvoirs
« de l'Etat; il était lui-même, à ce qu'il nous dit
« dans ses mémoires, tout l'Etat; et cependant,
« au milieu de ses faiblesses comme homme, je
« veux parler de ses amours et de ses colères,
« courbé par ses sentimens religieux devant la
« puissance religieuse, et voulant savoir un jour

« ce que c'est que cette puissance, le voilà qui se
« présente devant les états-généraux de la reli-
« gion, je me permets d'appeler ainsi l'assemblée
« du clergé de 1682. Quelle est, leur demande-
« t-il, cette puissance menaçante qui gronde sans
« cesse autour de moi? Je veux lui être soumis
« comme chrétien; mais, comme souverain,
« quelle est auprès de moi son action, quelle est
« son étendue, quelles sont ses limites?..... Et
« Bossuet fut chargé d'agiter avec toute la sagesse
« dont il était capable, cette difficile et redouta-
« ble question » (Pag. 55). Voilà donc en peu
de mots l'origine du gallicanisme : car je n'appelle pas de ce nom les libertés qu'une tradition constante dans les Eglises de France doit nous faire respecter. Le gallicanisme proprement dit, n'est aujourd'hui que la croyance aux quatre articles de la déclaration du clergé en 1682, et l'ultramontanisme n'est que le catholicisme tel qu'il était entendu avant cette déclaration.

Mais revenons sur nos pas.

M. de Montlosier nous parle d'abord des prétentions du pape *contenues dans Rome* même, et il regarde cette action de Louis XIV comme un fleuron digne d'embellir sa couronne. Nul doute qu'il ne s'agisse ici de l'affaire des *franchises*. Mais comment, de nos jours, ose-t-on accorder des louanges à un acte de despotisme, qui pèse tant sur la mémoire du grand roi ! Quoi, parcequ'un homme, qui se croyait *tout l'Etat,* a prétendu imposer des lois à un autre pouvoir indépendant du sien, en blessant toutes les lois de la justice, il faudra applaudir à cet acte arbitraire ! Est-ce bien à un ennemi de la prétendue domination des prêtres, qu'il convient de courber le front devant cette action tyrannique ? Est-ce bien aussi l'allié des révolutionnaires, qui doit parler en faveur des franchises? Ne sait-il pas que c'était une usurpation criante, et qui a été la source de mille désordres? Si mon témoignage ne suffit pas pour confondre M. le Comte, il ne récusera pas au moins celui d'un homme qu'on peut croire assurément quand il dit du bien du clergé. « Depuis long-temps, dit Voltaire, il y avait dans Rome un abus difficile à déraciner... Les ambassadeurs étendaient le droit de franchise affecté à leur maison, jusqu'à une très grande distance qu'on nomme quartier..... De là un asile assuré à tous les crimes. Par un autre abus, ce qui entrait dans Rome sous le nom des ambassadeurs ne payait jamais d'entrée. Le commerce en souffrait, et le fisc en était appauvri. Le pape Innocent XI obtint de l'empereur, du roi d'Espagne, de celui de Pologne et du roi d'Angleterre, Jacques II, qu'ils renonçassent à ces droits odieux. Le nonce Ranucci proposa à Louis XIV de concourir comme les autres rois à la tranquillité et au bon ordre de Rome. Louis répondit qu'il *ne s'était jamais réglé sur l'exemple d'autrui, et que c'était à lui à servir d'exemple* (1). Il envoya à Rome le marquis de Lavardin en ambassade pour braver le pape. Lavardin y entra, malgré les défenses du pontife, escorté de quatre cents gardes de la marine, de quatre cents officiers volontaires, et de deux cents hommes de livrée, tous armés... Le pape est le seul souverain à qui on pût envoyer une telle ambassade, et la faiblesse de ses Etats fait qu'on l'*outrage* toujours

---

(1) Cet exemple était de favoriser chez un de ses voisins la contrebande qu'il réprimait dans ses Etats par un code barbare, et de protéger contre les lois les voleurs et les assassins. (*Note de Voltaire.*)

impunément » (1). Certes il n'y a rien que de raisonnable dans ces paroles de Voltaire; pourquoi faut-il que M. de Montlosier le soit moins que ce philosophe? Que dirait-il si l'empereur des Russies, celui d'Autriche, le roi de Prusse, ainsi que les autres souverains, parmi les conditions qu'ils pouvaient nous imposer en 1815, avaient exigé de notre roi un quartier comme droit d'asile. Voilà qu'une bonne partie de la capitale serait habitée impunément par une compagnie de vrais *spadassins;* et ce ramassis d'étrangers dont Paris abonde, pourrait ainsi s'abandonner à tous les crimes, sans que l'on pût les forcer dans leur quartier, devenu pour eux un refuge inviolable. Le bon sens s'indigne à cette seule supposition. Que M. de Montlosier n'eût-il été également indigné des franchises de Rome, nous ne nous serions pas arrêtés sur ce sujet.

« Quelle est cette puissance menaçante qui
« gronde sans cesse autour de moi, souvent au-
« dessus de moi, dit le roi ». M. de Montlosier, en

---

(1) *Siècle de Louis XIV.*

mettant ces paroles dans la bouche de Louis XIV, ne comprend pas le ridicule dont il couvre son personnage. A les prendre dans leur stricte acception, ne semble-t-il pas que, *comme souverain*, il n'a au-dessus de lui aucune puissance qui puisse le faire fléchir. Mais pour être souverain, est-on moins soumis aux ordres du ciel que le reste des hommes ? Cette égalité devant le maître de l'univers, n'est-ce pas ce qui nous console souvent dans les persécutions que nous avons à essuyer ? n'est-ce pas encore cette égalité devant Dieu qui nous fait supporter le dédain des grands avec plus de calme et de patience ? n'est-ce pas parceque nous pouvons leur dire : « Mon vengeur est au ciel, apprenez à trembler, » que nous poursuivons la pénible carrière de notre vie avec moins de chagrins, avec plus de résignation . « Je veux lui être soumis comme chrétien ». Vous serez donc soumis en cette qualité aux peines qu'il plaira à la puissance spirituelle de vous infliger. Si vos fautes méritent un anathême, s'il vous faut implorer la miséricorde de Dieu dans l'attitude d'un humble pénitent, que deviennent alors ces imposantes paroles : « Qu'est-ce que cette puissance menaçante qui gronde sans cesse autour de moi, souvent au-dessus de moi ». Mais le tort n'est qu'à celui qui les a imaginées. M. de Montlosier sans doute a voulu en accepter la responsabilité.

Ce serait peut-être ici le cas de peindre l'ardente animosité de Louis XIV au sujet de la régale; car c'est pour se venger du pontife Innocent XII, qui lui en disputait les droits, qu'il convoqua les évêques du royaume; mais il me faudrait dévoiler aussi toutes les intrigues de plusieurs évêques de cette assemblée, raconter l'ambition de l'archevêque de Paris, qui, dans l'espérance d'obtenir un chapeau rouge, flattait servilement une cour temporelle, tandis qu'il humiliait par ses bravades son supérieur dans l'ordre ecclésiastique; et cet archevêque de Reims, Le Tellier, tout dévoué au parti janséniste, et d'un caractère tellement âpre, tellement vindicatif, qu'on lui eût fait consommer un schisme plutôt que de lui faire adopter des idées raisonnables. Et ces artifices dont Bossuet fut obligé de se servir pour apaiser les esprits violens et satisfaire à la fois à sa conscience. Si je voulais, dis-je, mettre au grand jour tous les ressorts mis en jeu par les misérables passions humaines dans cette circonstance, je craindrais trop de choquer certaines oreilles gallicanes (1).

Les quatre articles furent donc rédigés par Bossuet et adoptés à la majorité des voix. La sorbonne et les universités les proclamèrent comme une doctrine appuyée sur la tradition; les parlemens les regardèrent comme un symbole qu'il eût fallu ajouter à celui de Nicée, et les firent décréter par le prince comme lois de l'Etat. En conséquence, Louis XIV rendit un édit, touchant cette déclaration du clergé, par lequel il était ordonné à toutes personnes aspirant aux dignités, de s'engager, *par serment*, de soutenir les quatre articles de la déclaration. Les députés du second ordre à l'assemblée de 1682, qui avaient été nommés à des évêchés, ne purent après cela obtenir des bulles, et le pape exigea d'eux une lettre de satisfaction, qui fut expédiée. M. de Montlosier

---

(1) On trouve tous ces détails dans l'*Histoire de Bossuet*, par le cardinal de Beausset, et surtout dans les *Nouveaux Opuscules* de Fleury, dont M. Emery est l'éditeur.

ne veut pas qu'on l'appelle une lettre d'excuse, il suffit de dire, selon lui, « que cette lettre de ces évêques nommés était seulement respectueuse » (Pag. 63). Qu'importe la manière dont on doive qualifier cette démarche, s'il est vrai que la démarche ait été faite.

En 1693, époque où les bulles furent expédiées, le roi écrivit au pape ces paroles remarquables : « Je suis bien aise de faire savoir à « Votre Sainteté que j'ai donné les ordres néces- « saires pour que les choses contenues dans mon « édit du 2 mars 1682, touchant la déclaration « faite par le clergé de France, *à quoi les con-* « *jonctures* m'avaient obligé, ne soient pas ob- « servées. »

Cette lettre du roi à Innocent XII, dit M. d'Aguesseau, fut le sceau de l'accommodement entre la cour de Rome et le clergé de France; et, conformément à l'engagement qu'elle contenait, Sa Majesté ne fit plus observer l'édit du mois de mars, qui obligeait tous ceux qui voulaient parvenir aux grades de soutenir la déclaration du clergé.

Mais en 1715, le pape Clément XI ayant sem-

blé conclure de la lettre de Louis XIV, que ce monarque avait fait cesser dans son royaume l'enseignement des quatre articles, refusa une bulle d'institution canonique à un abbé qui les avait soutenus. Alors le roi écrivit au cardinal de La Trémouille une lettre qui devait être communiquée au pape. Il y est dit entre autres choses :
« Innocent XI ne me demanda pas d'abandon-
« ner les maximes que suit le clergé de France.
« Le pape (Clément XI) qui était alors un de
« ses principaux ministres, sait mieux que per-
« sonne que l'engagement que j'ai pris se rédui-
« sait à ne pas exécuter l'édit que j'avais fait en
« 1682. On lui a supposé, contre la vérité, que
« j'ai contrevenu à l'engagement pris par la lettre
« que j'écrivais à son prédécesseur; car je n'ai
« obligé personne à soutenir, contre sa propre
« opinion, la proposition du clergé de France;
« mais il n'est pas juste que j'empêche mes sujets
« de dire et de soutenir leurs sentimens sur une
« matière qu'il est libre de soutenir de part et
« d'autre, comme plusieurs autres questions de
« théologie, sans donner la moindre atteinte à
« aucun des articles de foi »

7

Clément XI, après cette explication du roi, envoya les bulles.

On a dû remarquer dans cette dernière lettre combien les sentimens du monarque avaient changé depuis 1682. Il ordonnait alors l'enseignement de la déclaration, il s'érigeait en docteur, et prétendait imposer une croyance à ses sujets; et voilà que trente ans après, quand les revers lui eurent appris qu'il était homme, devenu moins impérieux et plus sage, il dit expressément *qu'il n'est pas juste d'empêcher ses sujets de dire leur avis sur une matière qu'on est libre de soutenir de part et d'autre.* M. de Montlosier ne voit encore ici « qu'un témoignage de respect et de « courtoisie dans cette réponse du monarque, et « nullement une espèce de rétractation de sa « part » (Pag. 65). Cependant avouer que l'on peut soutenir de part et d'autre l'opinion que l'on veut, n'est-ce pas revenir contre celle dont il avait ordonné l'enseignement d'une manière absolue, et pour laquelle il n'avait pas craint de porter le trouble dans la catholicité. Pensent-ils autrement ceux que vous appelez *ultramontains?* Ont-ils jamais soutenu que l'opinion des quatre articles était hérétique ? Les plus exagérés d'entre eux ne l'ont pas osé.

Il nous reste à examiner la conduite de cette partie du clergé qui s'est montrée rebelle aux ordres du *ministère*, quand on lui a enjoint l'enseignement de la déclaration. On verra comment M. de Montlosier a confondu deux choses essentiellement différentes, et combien il eût évité d'erreurs, s'il eût écrit avec moins de précipitation.

CHAPITRE XIII.

Suite de l'ultramontanisme et de la déclaration de 1682.

Je ne prétends aucunement prendre parti pour ou contre les quatre articles de la déclaration. Ce que je veux en ce moment, c'est de défendre un vertueux prélat de l'inculpation d'ultramontanisme. Mais qu'on y fasse attention; la position de Mgr l'archevêque de Toulouse était celle où tous les ecclésiastiques du royaume peuvent se trouver; il est par conséquent de l'intérêt de tous de savoir à quoi l'on doit s'en tenir sur ce point. J'aurais pu adresser quelques questions aux partisans de la déclaration et les jeter peut-être dans un grand embarras. Cette liberté d'examen qu'ils proclament, quand il s'agit de poser des limites aux droits du souverain pontife, a quelques traits de ressemblance avec cette autre liberté d'examen, qui est la base du protestantisme et par le moyen duquel on s'affranchit de toute autorité (1);

---

(1) *Voyez*, aux pièces justificatives, n° 2, le jugement

mais, encore une fois, je déclare ne point prendre parti à ce sujet, je veux seulement poser des questions claires, précises, que je prie M. de Montlosier de réfuter, s'il veut que je passe condamnation.

1°. Louis XIV et après lui les ministres des rois ses successeurs, avaient-ils le droit d'exiger l'enseignement de la déclaration comme *vraie*? Non.

2°. Peut-on sous l'empire de la charte, défendre à un citoyen français d'émettre son opinion sur cette déclaration? Ce serait inconstitutionnel.

L'enseignement des doctrines religieuses appartient de droit divin aux évêques, nulle autre autorité sur la terre ne peut le leur enlever. Quand on est catholique, il faut en subir toutes les conséquences, et par conséquent ne pas envahir ce qui ne nous appartient pas. C'est aux évêques seuls qu'il a été dit : *docete omnes gentes*, et apparemment que la question de savoir si le concile général est au-dessus du pape, ou le pape au-des-

---

qu'un philosophe, conséquent dans ses principes, a porté sur le gallicanisme.

sus du concile; si le jugement du pape peut être corrigé ou non, est quelque chose qui a plus de rapport avec l'évangile qu'avec le code civil, et par conséquent, qui est plus de la compétence d'un pasteur de l'église que d'un magistrat. Cependant M. de Montlosier se fâche « de ce que, « les ministres de la maison de Bourbon ayant « paru compter pour quelque chose les ordon- « nances de Louis XIV et la doctrine de 1682, « ils ont trouvé l'obéissance affaiblie » (Pag. 68). Mais qui peut avoir investi ces ministres du droit de forcer les consciences? En vertu de quels principes voudraient-ils me faire adopter des opinions qui peuvent n'être pas les miennes et que je puis rejeter, sans cesser pour cela d'être bon catholique, puisque par ce même refus d'obéir, je ne suis que plus étroitement attaché au centre d'unité catholique? N'est-ce pas un funeste attentat à la liberté et à l'indépendance de l'Eglise? Que faisaient de plus le cruel Henri VIII et la capricieuse reine Elisabeth quand ils voulaient créer une Eglise nationale? Ils prescrivaient des enseignemens, ils décrétaient des symboles et le schisme était consommé. La conduite de MM. Laisné et

Corbière quand ils ont adressé des circulaires aux évêques, différait-elle de celle-là? Les ministres ne peuvent pas alléguer pour excuse l'ordre du roi; ils savent bien que le roi lui-même n'est qu'un disciple du christianisme, et que son autorité ne s'étend pas au de-là de ce qui est purement temporel.

Ces principes sont si évidens qu'ils ont reçu la sanction d'un historien anglais, qui n'a pas fait difficulté d'appeler une *blâmable usurpation d'autorité* l'entreprise de Louis XIV (1).

Mais ce qui était sous Louis XIV un acte de despotisme, n'est-il pas quelque chose de plus aujourd'hui que la liberté des consciences est décrétée et que l'on peut soumettre à son examen, discuter, rejeter même, si l'on veut tous les dogmes du christianisme. Pourquoi vouloir que je regarde comme une loi de l'Etat, des articles que je puis traiter de puérilités, de fables, si je me laisse dominer par la philosophie. Quand on vit sous l'empire des lois, il ne faut pas reculer devant les

---

(1) *The historical Memoirs of the Church of France*, by Charles Butler, pag. 48.

conséquences; or la charte garantissant la liberté religieuse et la liberté d'opinions, pourquoi ne pourrais-je pas émettre mon sentiment sur un article que je crois vrai ou faux, conforme ou contraire à la raison. C'est ainsi qu'en a usé dernièrement un prêtre du diocèse de Lyon, dont les journaux ont parlé, et qui a été acquitté pardevant les tribunaux, quoiqu'il y eût été déféré par ordre du procureur du roi, pour avoir combattu dans un écrit la déclaration du clergé de France. Les arrêts de toutes les cours du royaume ne peuvent pas faire revivre les anciennes ordonnances : outre l'arbitraire dont ils seraient empreints, elles sont de plus en opposition formelle avec le huitième article de la charte.

Telle est ma profession de foi, elle est conforme à la législation actuelle, je ne crains donc pas de la voir atteinte par le glaive de la loi. L'Eglise catholique doit se féliciter de cette législation; car, par le temps qui court, si la liberté des opinions proclamée par la charte venait à être éliminée de notre code, elle se verrait bientôt réduite à ne recevoir des enseignemens que de la bouche de ses ennemis.... Non, elle ne les recevrait pas; elle accepterait les cachots plutôt que de subir une telle humiliation, plutôt que de tolérer ce sacrilège; et si les cachots n'étaient pas suffisans pour cette nouvelle épreuve, elle accepterait avec joie les tortures des nouveaux Domitiens, parce qu'elle serait assurée d'y rencontrer le complément de ses triomphes.

Mais, pour en revenir aux circulaires des ministres du roi de France, les évêques ont pu, sans manquer de respect à l'autorité, regarder comme non-avenues des lettres qui leur prescrivaient ce qu'ils avaient à faire dans l'enseignement de leur séminaire. Les évêques n'ont à recevoir de tels ordres, que du pape ou d'un concile. S'ils eussent acquiescé, il eût semblé qu'ils reconnaissaient dans M. Laisné ou M. de Corbière, les représentans de Dieu sur la terre, puisqu'ils auraient entendu de leur bouche ces paroles, *enseignez*, et qu'ils les auraient accueillies avec docilité. Que dirait-on d'un évêque qui se permettrait d'adresser des circulaires aux préfets des départemens pour leur enjoindre l'infraction de tel ou tel article de leur règlement administratif? On ne manquerait pas de censurer cet acte, et avec raison; pourquoi donc ne pas également censurer celui d'un homme qui, bon gré mal gré, veut s'immiscer dans une affaire qui n'est pas de sa compétence?

M. de Montlosier ne s'accommodera peut-être pas de ces principes, lui qui voudrait voir revivre toutes les anciennes ordonnances de nos rois, tous les arrêts fulminans de nos Chambres hautes; mais il faudra qu'il s'y résolve. La charte est un *palladium* qui nous met à l'abri de ses fureurs; c'est un roc contre lequel viendront se briser toutes les attaques du parti anti-catholique, quand bien même il mettrait sa confiance dans les décisions des tribunaux.

Du reste, M. de Montlosier a fait assez connaître ses opinions: de la nature même de ses accusations contre le clergé, nous avons rigoureusement conclu qu'il ne voulait pas de sacerdoce, et certes, les conclusions étaient bien déduites des prémisses; mais il semble que la pensée qui le domine préalablement, c'est l'asservissement entier de l'Eglise au pouvoir civil; maxime tellement absurde que les protestans eux-mêmes la répudient; je parle des protestans conséquens.

Voici comment notre auteur s'en explique : « Que
« dans les choses ecclésiastiques, des ecclésias-
« tiques aient besoin de censeur entre eux sur
« des règles à établir ; que le prince, de son côté,
« appelle dans les mêmes circonstances des pré-
« lats auprès de lui; c'est ce que personne ne
« veut contester : *Le tout, sauf à soumettre ces*
« *règles ecclésiastiques, pour leur exécution,*
« *à la puissance publique, est à leur faire subir*
« *dans les grands conseils d'Etat préposés à ces*
« *sortes d'affaires, l'examen qui est nécessaire* »
(Pag. 287). Une telle doctrine avait été celle des parlemens, lorsqu'ils avaient voulu se faire juges en dernier ressort de tout ce qui concernait l'exercice de la discipline ecclésiastique; mais ces prétentions des parlemens n'avaient d'autres bases que l'arbitraire, et ruinaient toute l'économie du système catholique. Ceux qui rejettent avec raison la domination de l'Eglise sur l'Etat, devraient, par la même raison, rejeter la domination de l'Etat sur l'Eglise ; mais on n'est pas toujours conséquent avec soi-même.

CHAPITRE XIV.

Des jésuites. — Leur histoire est travestie par M. de Montlosier.

Paul III occupait la chaire de Saint-Pierre; quand un homme se présente à lui pour lui tenir ce langage : « Très-saint père, j'ai jeté les yeux sur l'univers chrétien, et j'ai été profondément affligé des maux qu'endure l'Eglise. L'Angleterre vient de se révolter contre le Saint-Siége, et s'enfonce toujours plus dans le schisme. L'Allemagne est ravagée par l'hérésie; la France est sur le point de faire alliance avec elle; le successeur de Mahomet foule à ses pieds le tombeau de Jésus-Christ, et appesantit sur une multitude de chrétiens son sceptre impitoyable. Eh bien, très-saint père, ces maux quoique bien grands, j'ai entrepris de les faire disparaître de la chrétienté. La tâche que je m'impose est immense; elle m'accablerait de son poids, si je ne comptais que sur mes propres forces; mais celui qui a choisi autrefois ce qu'il y avait de plus faible dans le monde, pour vaincre ce qu'il y avait de fort, m'inspire de l'audace, et je n'attends que votre consentement pour travailler dans une vigne dont vous seul pouvez disposer. Très-saint père, bénissez-moi. » Le pontife a consenti; Ignace donne alors des ordres à ses compagnons; il les distribue sur la surface du globe, et voilà que quelques années suffisent pour que tous les royaumes soient jaloux de posséder dans leur sein la compagnie de Jésus. Si ce n'est pas là de la grandeur, je ne sais plus quel nom donner à l'entreprise d'Ignace. M. de Montlosier en convient, et il va jusqu'à louer M. de Pradt qui appelle saint Ignace « un colosse de grandeur que la « médiocrité ne pourra jamais assez louer » (1). Mais, si M. de Montlosier admire, comme tous les écrivains impartiaux, la grandeur du projet des jésuites, ne croyez pas qu'à leur exemple il leur prête quelques bonnes intentions. Non, ces hommes en sont incapables. Le crime seul étant leur élément, c'est par lui seul qu'ils exploiteront le monde.

---

(1) *Histoire du Jésuitisme ancien et moderne,* par M. de Pradt, ancien archevêque de Malines.

Ecoutons-le : « Dans le systéme des jésuites, les
« grands et le petit peuple, les erreurs et les lu-
« mières, la science et l'ignorance, l'élévation, la
« bassesse, les vertus, les passions, les crimes,
« tout est bon, tout trouve sa place. On est, selon
« l'occasion, cruel ou bienfaisant, relâché ou aus-
« tère, respectueux ou hautain. On aura de même,
« selon les circonstances, l'extérieur de l'opulence
« ou celui de la pauvreté, l'ostentation de l'obéis-
« sance ou celle de la révolte. On sera gallican à
« Paris, ultramontain à Rome, idolâtre à la Chine;
« on sera ici sujet soumis, ailleurs sujet rebelle,
« missionnaire, marchand, mathématicien, astro-
« nome, guerrier, législateur, médecin : qui que
« vous soyez, adressez-vous à eux ; ils sont de
« tous les pays, de toutes les professions et de
« tous les métiers » (Pag. 39). Voilà de la tartu-
ferie en abondance. Les amateurs, quels que soient
leurs goûts, pourront en prendre à pleines mains.
Mais vous, M. le Comte, qui, dans un autre endroit de votre livre, « protestez de votre franchise
« à leur égard » (Pag. 129), comment avez-vous
pu croire d'abord, ensuite publier, que la société
entière des jésuites présente un aussi monstrueux

caractère? Comment vous êtes-vous persuadé que tant d'hommes de mœurs différentes et nés sous des climats divers, aient affiché une hypocrisie aussi odieuse? Comment ont-ils pu éteindre dans leurs cœurs tous les sentimens de vertus qu'on y trouve gravés, pour leur substituer de misérables intrigues, de viles passions? Vous voulez abuser de la crédulité, quand vous avancez avec une hardiesse qui étonne, que tel est le caractère du jésuitisme, c'est-à-dire de l'esprit de corps, d'être cruel ou bienfaisant, relâché ou austère, soumis ou rebelle, etc. Une telle compagnie, si elle eût tenté de s'établir, n'aurait pu prendre racine dans la chrétienté. A la vertu seule appartient de se faire chérir des hommes, et de régner des siècles entiers toujours avec la même gloire. Ainsi votre portrait que vous avez chargé de si affreuses couleurs, est plutôt celui d'un Cartouche ou de quelque misérable de cette espèce, que d'une société immense, qui a pu enfanter quelques membres infidèles à leur vocation, comme je l'ai déja dit dans l'introduction, et c'est immanquable quand on fait entrer dans ses rapports des hommes de tant de pays différens. Il est donc absurde de dire que le dessein du jésuitisme était de s'étendre, qu'importe par quel moyen. Cela n'est pas croyable, et beaucoup d'adversaires des jésuites ne le croient pas non plus. *Les Provinciales* de Pascal étaient destinées, selon Voltaire lui-même, à prouver que les jésuites avaient formé le dessein de corrompre les hommes ; mais ce dessein, ajoute le patriarche de Ferney, aucune secte ne l'a jamais eu et ne pourra jamais l'avoir.

« Au premier moment où les jésuites s'intro-« duisirent en France, l'université et la sorbonne « se déclarèrent contre eux ; mais rien ne put les « détourner » (Pag. 40 et 41). La sorbonne et l'université avaient les rênes de l'enseignement, et les jésuites s'annonçaient déja comme des maîtres pleins de science. Il n'est donc pas étonnant qu'ils aient regardé les jésuites comme des concurrens qu'il fallait repousser, et que, pour l'exécution de leur projet, ils aient fait jouer mille petits ressorts que la charité ne suggère point. Voici le témoignage d'un auteur peu suspect : « C'est en France que les jésuites se conduisirent le mieux, et c'est la France qui a fourni le plus grand nombre d'écrivains contre les jésuites Dès le commencement du dix-septième siècle, les parlemens et l'université étaient si contraires à la société dont on *redoutait le mérite*, que les écrivains de ce temps-là n'avaient qu'à publier hautement tout ce qu'il leur plaisait d'écrire contre les jésuites, pour être assurés de persuader une infinité de gens. Les règles de la morale souffrent-elles donc qu'on abuse ainsi d'une prévention publique (1) ? »

« Les voilà dans la ligue; et alors peu importe
« que Henri IV, protestant, ait fait abdication,
« (peut-être a-t-il voulu dire abjuration), il faut
« qu'il périsse. Les jésuites ont pour cela des doc-
« trines faites » (Pag. 42). Les jésuites étaient dans la ligue, comme la sorbonne et le clergé séculier. Si tous les ordres du clergé, unis aux autorités civiles, se jetèrent dans ce parti, qu'ils croyaient le plus raisonnable, faut-il en accuser les seuls jésuites? Est-ce un fanatique sorti de leurs colléges, qui planta un poignard dans le cœur de Henri III? Ne sait-on pas au contraire que ce prince avait un jésuite pour confesseur, le père Edmond Auger, et qui fut du petit nombre

---

(1) *Dictionnaire de Bayle*, article Loyola.

de ceux qui restèrent fidèles à leur loi ? Que répondre à ces faits dont l'évidence est reconnue de tous les écrivains sans passion (1) ?

« Les jésuites ont des doctrines faites »; il est étonnant que M. de Montlosier accueille sans examen toutes les sottises que le jansénisme a inventées sur le compte des jésuites et que beaucoup d'écrivains ont répétées sans en examiner la source. Les jésuites n'ont jamais mis en pratique le tyrannicide, et l'ont enseigné moins que personne dans un temps où cette doctrine infectait tous les corps religieux et *séculiers*. Comment le poison répandu dans plusieurs parties de l'Europe, n'aurait-il pas gagné quelques membres de la société? On a prouvé toutefois, que les jésuites furent les plus modérés, comme les moins nombreux, dans la propagation de cette doctrine funeste; et à la gloire des jésuites français, aucun de leurs auteurs n'a prostitué sa plume à la défense d'une opinion aussi exécrable. Ceux qui l'ont approuvée sont au nombre de douze, et pour la plupart Espagnols ou

---

(1) M. Grégoire, dans son *Histoire des Confesseurs des rois*, fait le plus bel éloge du caractère d'Edmond Auger.

Flamands, tandis qu'elle a été prêchée en France par trente six docteurs de l'Université, par vingt-cinq jurisconsultes célèbres, et par soixante-douze dominicains (1).

« Le père Guignard et le père Gueret, inter-
« rogés sur ces doctrines, ayant été convaincus et
« exécutés en place de Grève, les jésuites furent
« chassés » (Pag. 43). Il est faux que le père Gueret ait été exécuté en place de Grève, il fut seulement banni du Royaume. Il est également faux que le père Guignard ait été convaincu de ces doctrines. Le seul chef d'accusation qu'on eut à lui reprocher, fut d'avoir gardé quelques libelles *qui avaient été composés pendant la ligue*. Cette imprudence fut la seule cause de sa mort.

Quant à Jean Châtel, on sait que c'était un misérable qui s'était souillé d'un inceste, et qui croyait se laver dans le sang d'un roi hérétique. Il est vrai qu'il avait étudié la philosophie chez les jésuites, mais aucun *témoignage évident* ne prouve qu'il eût puisé chez eux son fanatisme impie.

M. de Montlosier après avoir cité un fragment

---

(1) *Voyez* les *Apologies* de Cérutti et Caveyrac.

d'une lettre du roi Henri IV à Sully (dont il ne désigne pas la source) s'écrie : « quand on « connaît ces faits, on peut juger le degré d'im- « pudence avec lequel on ose produire aujour- « d'hui une *prétendue réponse* de ce monarque « aux remontrances du premier président du « Harlay; pièce évidemment fausse et altérée par « les jésuites » (Pag. 44). Cette pièce est très authentique. On la trouve dans l'histoire de Henri IV par Mathieu, et comme elle embarrassait beaucoup les jansénistes, ils furent les premiers à la regarder comme supposée. Ainsi, M. le Comte, vous n'êtes que l'écho de ces messieurs, quand vous reproduisez une assertion qu'ils avaient déjà faite et dont on connaît bien les motifs. Si elle n'était pas trop longue, je la reproduirais ici en entier; vous y verriez le cachet du naïf langage du bon roi. En voici cependant quelques fragmens : « Je crois que les jésuites valent là-dessus beaucoup plus que leur renommée; j'ai été trompé long-temps par les machinations de leurs ennemis. On leur a fait bien des reproches qu'ils ne méritaient point, et les jours où les jésuites ont été bannis de France, sont les plus tristes jours de mon règne. »

.... « Si certains ecclésiastiques ne les ont point aimés, c'est que de tout temps l'ignorance en a voulu à la science. Si la sorbonne les a condamnés, ç'a été avant de les connaître; et l'université ne les repoussait que parcequ'ils faisaient mieux que les autres. On leur a reproché leurs richesses; mais, après qu'ils furent renvoyés, on ne sut pas entretenir à Bourges et à Lyon sept à huit régens avec les revenus qui leur en entretenaient trente à quarante. »

... « Quant à la doctrine de tuer les rois, pendant les premiers trente ans qu'ils furent en France, ils instruisirent plus de cinquante mille écoliers, dont aucun n'a jamais dit leur avoir ouï tenir ce langage.... Quand il serait vrai enfin, ce qui n'est pas, qu'un jésuite aurait fait ce coup (d'avoir conseillé son assassinat), faudrait-il que tous les jésuites en souffrissent, et que tous les autres fussent chassés pour un Judas ?... »

Que répondre à cet argument du bon Henri ?

« On ne peut pas dire pleinement, continue
« M. de Montlosier, que ce soit par l'instigation
« des jésuites que Ravaillac ait agi » (Pag. 45).
L'aveu est formel. Que jansénistes et incrédules

s'en souviennent, pour retrancher désormais cette action coupable des litanies jésuitiques.

« Sous Louis XV, quoique les jésuites aient « été soupçonnés de l'attentat de Damiens, on « peut dire qu'il n'y a encore que des soup- « çons » (Pag. 46). Mais qui les a formés ces soupçons ? quelle preuve avez-vous de leur existence ? C'est encore sur votre parole, toujours sur votre parole qu'il faudra vous croire ? Ah, que j'aime bien mieux m'en rapporter à un historien contemporain, qui, dans l'épanchement de l'amitié, disait : « qu'on soulèverait toute la postérité en faveur des jésuites, si on les accusait d'un crime dont l'Europe et Damiens les ont justifiés » (1). Quant à la coïncidence de l'attentat commis sur la personne de Louis XV, et l'apparition d'une édition nouvelle d'un livre de Bufembaum, où la doctrine du régicide n'est pas expressément enseignée : c'est une mystification dont M. de Montlosier aurait dû se défendre. Cette théologie n'a véritablement été imprimée qu'une fois, et c'est en 1706, c'est-à-dire cin-

---

(1) Lettre de Voltaire à Damilaville, 2 mars 1763.

quante et un ans avant l'assassinat du roi. On attribue à une ruse de libraires la prétendue édition de 1757, qui fit sonner l'alarme dans le midi. Ne pouvant se défaire d'un ouvrage qu'ils avaient chez eux depuis long-temps, ceux-ci s'imaginèrent d'imprimer un nouveau frontispice, pour attirer des acheteurs. La seule inspection des titres en papier blanc, tandis que le corps de l'ouvrage est imprimé sur mauvais papier gris d'Allemagne, suffit pour démontrer l'absurdité du reproche qu'on fait à ce sujet aux Jésuites français (1).

Quant à l'anecdote qui concerne Clément VIII, il faut la reléguer parmi les mille et une fables que les seuls enthousiastes des folies de Saint-Médard ont pu imaginer pour donner le change à leur conduite. Il faut toujours en revenir à ceci : on ne doit adopter un fait que lorsqu'il est attesté par des personnes qui n'avaient pas intérêt à

---

(1) *Les Jésuites remis en cause*, par M. Collin de Plancy. Cet ouvrage d'un *écrivain philosophe* de notre époque, mérite beaucoup d'être lu : c'est peut-être le livre le plus impartial qui ait été fait sur les jésuites.

tromper. Peut-on dire cela des jansénistes? N'ont-ils pas publié des libelles diffamatoires contre toutes les personnes qui avaient le malheur de ne pas se ranger de leur avis.

Pour la déclaration du P. Lachaise à Louis XIV mourant, on peut aussi bien en contester l'authenticité, puisqu'elle n'est rapportée que par un seul historien, et cet historien est un ennemi de la religion. Sans doute que si elle eût été vraie, elle fût parvenue à la connaissance de quelque autre personne, car enfin Duclos n'avait pas eu le privilège de rester au chevet du roi, pendant que son confesseur lui parlait ! Ainsi, M. de Montlosier qui semble jeter lui-même des soupçons sur l'authenticité de cette pièce, aurait pu s'abstenir de la transcrire, puisque sa lecture produira un scandale de plus.

CHAPITRE XV.

Suite de l'histoire des jésuites et des erreurs de M. de Montlosier.

Nous avons entendu M. de Montlosier nous parler de la *rébellion* et de *la cruauté*, comme étant les principaux traits de l'esprit des jésuites. Il est étonnant qu'une occasion s'étant présentée pour user de ces méchans moyens, les jésuites n'aient pas voulu en profiter. Pourquoi n'ont-ils opposé aucune résistance lorsqu'on a voulu les bannir de plusieurs royaumes? Pourquoi n'ont-ils pas soulevé les Etats romains, quand un pape a détruit leur congrégation? Sait-on seulement qu'ils aient murmuré contre les coups qui les frappaient avec tant de rudesse? L'histoire n'en fait pas mention; ce qui prouve qu'ils obéirent sans se plaindre, et qu'ils aimèrent mieux tout perdre, tout sacrifier, plutôt que d'enfreindre une promesse qu'ils avaient jurée aux pieds des autels, je veux dire l'obéissance aux représentans de Dieu sur la terre.

Comme M. de Montlosier n'a pas trouvé prise dans cette conduite des jésuites, et qu'il veut néanmoins trouver des prétextes à sa critique, il les blâme de *s'être retirés en Prusse et en Russie* après l'abolition de leur ordre (Pag. 48). Où voulait-il qu'ils se réfugiassent? Quoi! frappés de proscription, ils abordent la terre d'exil et vous leur disputez le dernier asile? Quelle générosité est la vôtre! Est-ce ainsi que vous vous montrez sensible à la vue du malheur d'autrui? Auriez-vous donc souhaité qu'ils demeurassent dans les mêmes villes qui avaient été témoins de leur gloire, et qui maintenant voyaient leur humiliation et leur défaite? Y auraient-ils trouvé la tranquillité? N'auraient-ils pas été pour leurs ennemis un sujet continuel de dérisions? La raillerie n'aurait-elle pas armé ses perfides dards pour percer ces victimes de la persécution?

Quand la révolution eut éclaté en France, les jésuites, selon M. de Montlosier, accoururent chez nous, parceque « partout où il y a du mou-
« vement, du trouble, un théâtre, on peut être
« sûr de les voir paraître; c'est leur aliment,
« leur élément. Dans des pays tranquilles, il n'y

« a rien à faire » (Pag. 48). Nous sommes encore dans le cas de demander à M. de Montlosier des preuves de ce qu'il avance, puisqu'il n'en fournit pas. Quand il nous aura nommé les jésuites qui sont venus se mêler à nos *troubles*; quand il aura désigné les lieux qui ont été pendant la révolution le *théâtre* de leurs intrigues, nous pourrons croire à son témoignage. Qu'il nous permette de suspendre jusqu'alors notre jugement.

Mais, en supposant que les jésuites soient venus exploiter la révolution française, et cette fois l'accusation est nouvelle, croyez-vous, M. le Comte, que notre pays eût beaucoup souffert de leur apparition? Qu'aurions-nous perdu, si, au lieu des Marat, des Robespierre, et de tant d'autres législateurs de cette espèce, on nous eût placés sous la tutelle d'un nouveau Lainez, ou d'un autre Ricci, à qui la science du gouvernement ne manquait pas, et qui entendaient un peu mieux les intérêts de leurs subordonnés, que ces spoliateurs de la fortune publique, dont la France a tant à se plaindre.

« Sous Buonaparte, ce n'était encore que

« quelques pères de la foi bien petits, bien
« humbles, bien obscurs. Dès que la restaura-
« tion survient, le nom de jésuite se prononce
« ouvertement » (Pag. 49). On sait que Buonaparte, qui possédait l'art de juger les hommes,
avait eu plusieurs fois l'intention de confier à un
corps enseignant la direction des collèges royaux ;
ainsi, ce n'est pas de lui personnellement que les
jésuites pouvaient avoir à craindre ; mais la forme
du gouvernement ne leur permettait pas de se
montrer comme aujourd'hui. Les blâmera-t-on
encore de s'être ainsi conformés aux lois ? *Leur
nom*, dites-vous, *se prononce ouvertement aujourd'hui*. Mais la liberté individuelle qui nous
est garantie par la charte, peut-elle établir une
exception à leur égard ? Du reste, la même puissance qui les avait détruits ayant jugé à propos de
les rétablir sur le même pied qu'auparavant, ils
ne sont coupables d'aucun acte de rébellion en
s'appelant du nom que leur a donné leur saint
fondateur.

Le récit que nous fait M. de Montlosier de la
visite d'un jésuite à un ministre du roi, en 1817
(Pag. 49), ressemble trop à un conte fait à plaisir,

pour qu'on le réfute sérieusement. Je ne le rappelle à son auteur que pour lui signifier de ne plus nous parler de moines, quand il voudra nous entretenir des jésuites, parcequ'ils n'appartiennent pas à cette classe de religieux, à moins qu'il trouve son plaisir à s'entendre de nouveau accuser d'ignorance (1).

---

(1) S'il veut s'en assurer, il n'a qu'à consulter l'*Almanach ecclésiastique* qui s'imprime à Rome, et que l'on vend à Paris.

CHAPITRE XVI.

De l'existence actuelle des jésuites en France. — Si elle est en opposition avec les lois.

Si j'aborde franchement une question que beaucoup d'autres écrivains n'ont pas osé traiter, j'espère qu'on me saura gré de ma bonne foi. Je ne suis nullement partisan de ces démarches sourdes qui compromettent plutôt ceux qui s'en servent, loin de les favoriser. Quand on combat pour la bonne cause, que peut-on redouter? Si c'est pour la mauvaise, on ne doit rien entreprendre pour la faire triompher. La ruse est alors un moyen aussi injuste que vil.

Je dois avouer ici que la plupart des matériaux qui servent à composer les chapitres sur les jésuites, avaient été recueillis dans un but bien différent de celui pour lequel je les emploie; car prévenu, comme tant d'autres, contre cette société célèbre, et ne les connaissant que par ce que m'en avaient appris *les Provinciales* de Pascal, et les nombreux écrits que l'on a publiés contr'eux depuis plusieurs années, je voulais aussi les attaquer corps à corps, parceque, dans ma pensée, c'était bien mériter de la religion que de combattre des hommes qui en étaient les plus forts ennemis. Mais, dans quel étonnement n'ai-je pas été, quand je me suis convaincu que toutes, ou *presque toutes* les accusations qui sont dirigées contre les jésuites sont tout-à-fait dénuées de fondement, et que la source de toutes ces misérables diatribes, on la trouve dans des libelles imprimés en Hollande, sous les auspices des jansénistes réfugiés, et en France sous la protection de nos parlemens. Je suis bien sûr que les jeunes auteurs de ces compilations d'anecdotes scandaleuses, ou de ces abrégés de l'histoire des jésuites, qui paraissent en si grande quantité, reviendraient également de leurs préventions, si, agissant avec moins de précipitation, ils prenaient la peine de rechercher dans les écrits contemporains l'origine de ce déchaînement contre un corps qui n'a eu pour ennemis que ses envieux, tant chez les théologiens que parmi les gens de lettres et les professeurs de l'université.

Cette digression est déja assez longue, et je prie le lecteur de me la pardonner. Revenant à mon sujet, je demande si c'est blasphémer que de dire qu'il existe des jésuites en France, et que rien ne les empêche de s'y établir? Quant à moi, je ne le crois pas; on ne fait pas le mal quand on constate un fait de l'exactitude duquel chacun peut s'assurer. Car, qu'il existe des jésuites dans notre pays, il n'y a que M. Colnet, dans la *Gazette de France*, qui le conteste encore; tous les argumens de M. de Pradt, qu'il a d'ailleurs ingénieusement réfutés, n'ont pu le convaincre sur ce point.

Depuis long-temps, *le Constitutionnel* nous avait fait connaître une lettre du général actuel de la société, dans laquelle il est fait mention des établissemens que les jésuites dirigent en France; et M. de Montlosier a jugé à propos de la reproduire comme une pièce essentielle à sa dénonciation; mais les témoignages que nous en avons aujourd'hui sont encore plus évidens, et ils portent un caractère de vérité bien plus fort. Trois évêques de France, ceux de Bellay, de Strasbourg et de Meaux, viennent de prendre hautement la défense des jésuites dans leurs éloquentes instructions pastorales, et les ont victorieusement disculpés des fautes dont on les accusait. Les jésuites sont donc établis parmi nous.

Leur existence heurte-t-elle nos lois? Non. Leur présence dans notre patrie ne présente rien d'illégal, et pour le prouver je n'irai pas répéter des déclamations contre les parlemens qui les bannirent. Je sais bien tout ce que ces parlemens mirent d'animosité dans les poursuites qu'ils firent contre eux, mais cela n'ajouterait rien à la validité de leurs jugemens, s'il n'existait pas autre chose qui en annulât les effets. La charte, oui la charte est un palladium qui protège les jésuites comme tout autre individu. Quoi! les membres des différentes sectes chrétiennes, les luthériens, les calvinistes, les quakers, les méthodistes, y trouveront un abri contre l'intolérance, et les jésuites seuls n'en rencontreraient pas? Sous son empire, la liberté individuelle sera garantie aux illuminés, aux francs-maçons, aux jacobins et aux carbonaris de toutes les nations qui viendront s'établir parmi nous, et les jésuites seront seuls exclus de cette faveur? En vérité, je rougis d'in-

sister davantage sur ce sujet. Cependant je suis presque assuré que plusieurs ne trouveront pas la comparaison assez juste et que, pour ce motif, ils persisteront dans leurs sentimens. Le nom seul de jésuite leur est tellement odieux, qu'ils se croiraient plus en danger avec eux qu'avec tous les anarchistes de notre révolution. M. de Montlosier paraît être de ce nombre, puisqu'il assure qu'il se croirait au milieu d'une troupe de *loups* voraces, s'ils se trouvait dans un pays qu'habiteraient les jésuites. « Les loups, dit-il, sont en
« général d'assez mauvaises bêtes, ils dévorent les
« moutons, les chiens, quelquefois les bergers.
« J'ai rencontré dans des maisons particulières
« de jeunes louveteaux tout-à-fait familiers; ces
« louveteaux tout jeunes vous caressent, vous
« lèchent; laissez les grandir! Rois de l'Europe,
« l'institution des jésuites vous lèche aujourd'hui,
« vous caresse, elle est dans l'innocence de l'âge;
« laissez-la arriver à la puberté! laissez-la dé-
« velopper son véritable caractère » (Pag. 129)!
Si ces paroles ne sont pas très polies, elles sont du moins très expressives, c'est dire assez ouvertement qu'il faut faire la chasse aux jésuites comme

on la fait aux loups, si l'on veut se délivrer de leurs morsures venimeuses. Mais convenez, M. le Comte, qu'il vous faudra faire disparaître plusieurs articles de notre charte constitutionnelle avant d'ordonner aux veneurs de courir sus, et je ne crois pas que ni le roi, ni la nation vous accorde jamais un semblable privilège.

On m'objectera peut-être qu'en vertu de la charte, les jésuites peuvent exister en France comme individus et non comme corps, mais je ne sache pas qu'ils y possèdent des établissemens privilégiés. Les maisons qu'ils dirigent existaient déjà sous le nom de *petits séminaires* et l'on sait que ces écoles ecclésiastiques sont reconnues par le gouvernement; l'évêque diocésain a le droit d'en confier la direction aux hommes qu'il lui plaît de se choisir. Voudrait-on lui restreindre ce droit quand il jettera les yeux sur les jésuites? mais en vertu de quelle loi? Du reste on connaît l'immense pouvoir dont M. le grand-maître de l'université est investi : qui peut l'empêcher de mettre à la tête des collèges et des institutions ceux que son esprit lui suggérera devoir faire le bien? Personne. Donc plusieurs jésuites peuvent se trouver réunis dans une maison dont on leur aura confié la direction, et, par la nature même des choses, ils se trouveront réunis en *corps*. Quelle loi les forcera à se séparer ? Aucune. Donc leur existence actuelle en France n'est pas en opposition avec nos lois.

CHAPITRE XVII.

S'il peut résulter quelque inconvénient de la reconnaissance des jésuites en France.

M. de Montlosier redoute tellement que l'on donne une existence légale aux jésuites, qu'il insinue que cette reconnaissance entraînerait avec elle le désordre. « Je désire de tout mon cœur, « dit-il, que cette annonce ne se réalise pas. Il en « résulterait pour toute la France un mouvement « mêlé d'indignation et de dérision qui, rejaillis-« sant sur les choses comme sur les personnes « les plus sacrées, affaiblirait tellement les respects, « qu'à la fin l'obeissance même en pourrait être « atteinte » (Pag. 133). Il faut qu'il ait beaucoup de confiance en ses jugemens, pour croire que tout le monde sera de son avis. La France entière sera donc toujours aveuglée selon lui? Trente années d'expériences ne lui ont pas encore appris combien elle se trouve mal de servir au triomphe des fauteurs de l'incrédulité, et ceux-là seuls sont les ennemis des jésuites. Car, si l'on excepte quelques jansénistes de bonne foi, et le nombre en est très petit, on peut remarquer que tous ceux qui s'opposent à la reconnaissance des jésuites, sont les adversaires, je ne dis pas de toute religion, il ne m'appartient pas de sonder les cœurs, mais de l'Eglise catholique. N'est-ce donc pas une preuve frappante de l'utilité de ces hommes, que ce concert de bouches incrédules qui vocifèrent leur éloignement ?

« Sans utilité, comme corps religieux; sans
« utilité, comme corps enseignant; objet de ré-
« probation par les lois; objet d'exécration par
« les souvenirs tendant à éloigner les affections
« envers des personnages augustes qui ont l'air
« de les favoriser, ainsi qu'envers la religion à
« laquelle on s'empresse de les associer : si le
« gouvernement, comme on le dit, pense sé-
« rieusement à rétablir les jésuites, il ne faut
« pas qu'il soit, comme on le dit, seulement
« trompé, seulement aveuglé, il faut qu'il soit
« ensorcelé » (Pag. 136). L'intérêt que vous prenez à la religion et à la famille royale, ne peut que vous faire honneur, M. le Comte; mais souffrez que je vous dise qu'il existe un plus grand

nombre d'hommes dans notre pays, qui affaiblissent singulièrement le respect dû à la religion de Jésus-Christ; d'abord, en versant le ridicule sur ses pratiques les plus saintes; ensuite, en employant l'outrage contre ses ministres. Je connais quelqu'un de mes contemporains qui a même composé un volume entier qui fera un mal terrible dans les classes peu instruites de la société, en enlevant aux prêtres une grande partie de la considération dont ils ont besoin pour remplir avec fruit les saintes fonctions de leur sacré ministère. Le respect dû à la famille royale ne dépend pas des jésuites, votre assertion est une ruse de guerre dont vous vous servez ici; mais elle ne vous réussira pas. Pendant qu'ils avaient une existence légale, ils ont élevé un million de jeunes français, et jamais la France n'a été plus exempte de complots, que quand les jésuites ont dirigé l'éducation publique. Les titres qui font chérir la famille royale de tous les Français, sont trop légitimes pour que nous puissions jamais les oublier; ils sont trop profondément gravés dans nos cœurs pour que nous les effacions pour la plus légère des causes.

Je m'écarterais trop de mon principal sujet, si je parlais pour vous convaincre de l'utilité des jésuites, comme corps religieux; mais j'insisterai un peu plus sur leur utilité comme corps enseignant, que vous niez de même.

On sait que le vide que laissèrent les jésuites après leur destruction, n'a jamais été bien rempli. La multitude infinie de méthodes d'enseignement que l'on a inventées jusqu'à ce jour, prouve qu'on n'a encore rien de fixe là-dessus; et ces changemens qui s'opèrent dans le personnel de l'université; et ces destitutions que l'on annonce de temps en temps, n'attestent-elles pas que les diverses académies ont besoin d'être épurées, tant sous le rapport de la morale que sous celui de l'instruction. Si donc de nouvelles épurations sont exigées par les circonstances, où pourrait-on trouver des maîtres plus aptes à l'éducation, que parmi ceux qui ont formé jadis et les plus grands hommes de notre France, et les meilleurs citoyens.

Que les professeurs de l'université ne m'en veuillent pas de m'être exprimé de la sorte. S'ils sont aussi vertueux qu'ils sont éclairés, comme je n'en doute pas, ils n'ont rien à craindre du grand-maître; la justice, dit-on, préside toujours à tous ses actes. Du reste, je n'ai pas dit toute ma pensée. Ce n'est pas tant une épuration dans l'université que je souhaite, que la création d'une autre université, ou la reconnaissance d'un corps enseignant tel que celui des jésuites. En même temps que les deux écoles s'appliqueraient à former de bons élèves, les esprits seraient moins agités au dehors, par cette incertitude où l'on est depuis quelque temps si l'université sera conservée. On ne saurait croire combien la rivalité qui résulterait des deux établissemens en présence l'un de l'autre, serait profitable aux jeunes gens. Je suis sûr que l'émulation qu'on me dit régner aujourd'hui dans la plupart des collèges de l'université deviendrait encore plus forte, si un décret venait accorder aux jésuites la permission de s'établir dans les lieux où ils seraient demandés. Professeurs et écoliers, tous rivaliseraient de zèle pour obtenir les suffrages de la renommée; et la religion, les mœurs et la science gagneraient à ce nouvel ordre de choses.

Pour donner plus de poids à la faiblesse

de mes paroles, je vais citer celles qu'un grand homme a consignées, sur ce sujet, dans son écrit. Richelieu disait donc « que puisque la faiblesse « de la condition humaine exigeait un contre-« poids en toutes choses, il convenait que les « universités et les jésuites enseignassent à « l'envi, afin que l'émulation aiguisât leur « vertu, et que les sciences fussent d'autant plus « assurées dans l'Etat; que si les uns venaient « à perdre un si sacré dépôt, il se retrouverait « chez les autres. (1)

Français, l'Église a besoin de prêtres vertueux et éclairés, l'éloquence chrétienne semble avoir été ensevelie sous les décombres des basiliques abattues par la faux révolutionnaire; l'instruction publique demande des sujets capables pour former les enfans du peuple le plus éclairé de l'univers; ceux qui honorent aujourd'hui la magistrature, le barreau, les tribunes législatives, réclament des successeurs dignes d'eux; la société entière demande de bons citoyens. Concourez

---

(1) *Testament politique de Richelieu*, 1re partie, chap. 2, sect. 10.

donc au rétablissement d'une société d'hommes qui répondra aux besoins de la patrie entière. L'expérience du passé nous est garant de l'avenir. C'est elle qui nous a donné les Bossuet, les Fénélon, les Huet, les Fleury, les Belsunce, les Descartes, les Bourbons, les Condé, les Villars, les Fléchier, les Montesquieu, les Cassini, les Molière, les J.-B. Rousseau, les Buffon, les Fontenelle, les Voltaire, et mille autres qui furent les élèves des Jésuites.

Ou l'éducation ne contribue en rien aux succès des grands hommes, ou elle y contribue, et alors celle que donnent les jésuites doit être regardée comme une des meilleures, puisqu'elle a formé tant d'hommes célèbres. Cependant, de ce qu'ils ont formé tous ces grands hommes, il ne s'ensuit pas, comme le dit malicieusement M. de Montlosier, « que la philosophie du 18° siècle « soit sortie de leur école » (Pag. 120). La liberté d'examen proclamée par les protestans, la résistance des jansénistes aux décisions de la cour de Rome ont seuls appris aux philosophes à protester à leur tour contre toute autorité religieuse. Si l'on joint à cela la dépravation des mœurs, dont la cour du régent avait donné le signal, on aura la véritable cause de la philosophie moderne, car elle n'est que la réunion du *concupiscentia carnis* et *superbia vitæ*.

Si nous portions nos regards sur les fastes de la société, nous y trouverions également les noms de plusieurs jésuites célèbres qui ne se sont pas contentés d'inculquer les préceptes aux autres, mais ont laissé encore de vrais modèles dans les sciences et dans les lettres. Nommer les pères Berthier, Bourdaloue, Neuville, Charlevoix, le Comte Bellarmin, Petau, et une foule d'autres noms qui sont inscrits au temple de mémoire, c'est désigner tout ce que le sacerdoce avait de plus recommandable, tout ce que la science avait de plus élevé.

Qui pourrait compter les services que ces grands hommes ont rendus au monde et surtout à la France. Ce sont eux qui ont introduit le goût de la bonne littérature qui était si dépravé auparavant. Corneille qui s'était formé à leur école, et le *théâtre des Grecs* du père Brumoy, prouvent si, dans le genre qui avait même le moins d'analogie avec leur état de prêtre, ils savaient donner les préceptes d'une doctrine saine, classique, et propre à réveiller les nobles sentimens que les générations ont à se transmettre.

Qu'oppose-t-on ordinairement à la reconnaissance des jésuites? Des prétextes aussi puérils que les accusations dérisoires qui les firent proscrire. On rappelle les fautes de quelques membres, comme si le corps entier devait en être solidaire? Que dirions-nous d'un Allemand qui nous rendrait responsables devant l'histoire des crimes d'un Louvel, d'un Papavoine et autres? il serait le plus injuste des hommes? Ne le soyons pas à l'égard des jésuites.

M. de Montlosier nous a parlé de la réprobation des lois, mais nous lui avons répondu que tous ces arrêts ne sont pas de ce siècle, et que la charte les a anéantis. Craint-on leur ambition? mais tout ce qu'on raconte de blâmable à ce sujet, n'est qu'une pure invention de leurs ennemis. Ils avaient sans doute de l'ambition, celle d'étendre la gloire de Dieu jusque par delà l'Océan. Et que l'on remarque ici une autre injustice de M. de Montlosier : il les accuse « d'avoir porté au-delà « des mers le joug tantôt fleuri, tantôt sanglant de leur domination » (Pag. 19). Nommez donc le climat où ce joug sanglant a été imposé. Ce n'est pas sans doute dans la Chine, où, avec les lumières de la foi, ils ont porté celles des sciences physiques. Ce n'est pas non plus chez les Tartares, les Éthiopiens, les Nègres, les Mexicains, les Péruviens, les Cannibales, les Lapons (car on les a vus depuis le septentrion jusqu'au midi, depuis le couchant jusqu'à l'aurore). Ce n'est point, dis-je, chez ces peuples qu'on pourra les accuser d'avoir porté un *joug sanglant ;* les bienfaits de la civilisation, c'est tout ce qu'ils ambitionnaient de communiquer à ces barbares. Demandez aux malheureux enfermés dans le bagne de Constantinople, si les jésuites ont appesanti leurs fers ? ils vous diront au contraire, qu'ils se sont enfermés avec eux dans des lieux infects, et qu'ils se sont réjouis de pouvoir partager leurs souffrances, afin de les leur rendre plus légères. Oui, c'est une atroce calomnie d'accuser ces hommes d'ambition, quand on les a vus au contraire s'exposer à tous les périls pour le soulagement de l'infortune, pour le triomphe de la civilisation. Que l'on suive François Xavier traversant les demeures de vingt peuples différens, seul, une croix à la main et le livre de prières sous le bras, il annonçait à des ignorans la bonne nouvelle du salut, et pour le prix de tant de fatigues, il ne demandait qu'à voir le nom de Dieu glorifié chez les infidèles. Est-ce là une ambition blâmable !

CHAPITRE XVIII.

Caractère des partisans et des adversaires des jésuites.

Il existe dans le droit public un axiome qui peut avoir une application juste dans la question qui nous occupe. On ne doit pas toujours, y est-il dit, se laisser entraîner par le grand nombre de témoins, mais il faut examiner attentivement la qualité de ceux qui déposent (1). D'après ce principe généralement admis par les personnes sages, je me demande quel est le mérite des ennemis des jésuites, et quel respect l'on doit avoir pour leur témoignage. Certes, je ne conteste pas des connaissances très étendues aux différens rédacteurs des journaux de l'opposition, aux auteurs de différens *résumés historiques* et à la plupart des écrivains anti-jésuites. Je sais même qu'il y a parmi eux des jeunes gens que je regarde comme un phénomène, puisque dans un âge où l'on

---

(1) *Testes non sunt numerandi, sed ponderandi.*

était encore placé sur les bancs des collèges, dans les siècles qui nous ont précédés, ils écrivent avec une pureté d'expressions, avec un charme indéfinissable. Mais ce n'est pas tout de bien écrire, il faut encore connaître à fond la matière que l'on traite et en parler avec conviction. De deux choses l'une. Ou ils adoptent, sans examen, des histoires fausses et controuvées, et qu'ils font passer pour certaines et authentiques ; et alors c'est à l'ignorance que je dois attribuer les jugemens qu'ils portent sur les jésuites : ce que je n'ose avouer, parceque j'ai plusieurs preuves du contraire. Ou c'est à cause de leur prévention contre la religion catholique, qui leur fait prendre tous les moyens d'humilier cette religion sainte (et les jésuites sont un assez bon prétexte pour cela). Oui, je ne crois pas me tromper, en disant que parmi les écrivains qui dirigent leurs attaques contre un corps si digne de nos respects, il en est peu qui méritent notre confiance ; parceque, ne professant pas les mêmes doctrines que nous, ils ont le secret désir de détruire une religion qu'ils ne croient pas la véritable, et que nous adoptons comme la seule digne de nos hommages. Leur témoignage nous est suspect, il n'aura véritablement de valeur que quand nous les sentirons pénétrés d'une vénération profonde pour une religion qui fait toute notre joie, et dont les jésuites sont des ministres avoués par nos premiers pasteurs.

En disant que je n'attribuais pas à l'ignorance des antagonistes des jésuites, leur obstination à défendre une mauvaise cause, j'ai fait peut-être une concession un peu trop grande. Il n'en est pas de l'étude de l'histoire ecclésiastique comme des autres histoires. Peu de personnes s'en occupent sérieusement. Il ne serait donc pas étonnant que plusieurs de nos écrivains modernes fussent très-peu éclairés sur la science ecclésiastique, quoiqu'ils possèdent à fond les sciences profanes. Entre plusieurs preuves que je pourrais en apporter, je me contenterai d'une seule; elle sera frappante. Il y a peu de jours, une foule nombreuse, l'élite des hommes de lettres, écoutait avec une religieuse attention l'éloquent discours de Mᵉ Bernard, dans l'affaire de MM. de La Chalotais, et parmi plusieurs erreurs de fait que renferme ce discours, aucun d'eux n'a remarqué une erreur très grave sur laquelle l'honorable avocat insista beaucoup néanmoins, pour rehausser la bonté de sa cause. Je dis qu'on ne l'a pas remarquée, puisque les rédacteurs des journaux, qui ont rendu compte de cette séance, et qui avaient entendu ce discours, ne l'ont pas relevée. Me Bernard a donc avancé avec beaucoup d'assurance qu'à l'époque où les parlemens s'occupèrent de l'examen des constitutions des jésuites, le clergé joignit sa voix aux leurs, et demanda avec instance la suppression de la société. Une lettre de l'archevêque de Paris que j'ai sous les yeux, prouve tout le contraire (1). Monseigneur de Beaumont, dans cette lettre adressée à Louis XV, implore avec ardeur la justice du roi en faveur d'un corps religieux, célèbre par ses talens, recommandable par ses vertus et par les services importans qu'il rendait depuis deux siècles à la religion et à l'Etat. L'illustre avocat aurait dû se rappeler en même temps qu'en 1761 quarante-cinq évêques de France, loin d'avoir sollicité la destruction des jésuites, leur avaient donné les plus grandes louanges, dans un avis signé et adressé à Louis XV.

---

(1) Datée du 1er janvier 1762.

Que les écrivains qui ont pris la défense des jésuites, sont autrement recommandables! Ils se présentent à nous, escortés de tous les genres de mérites. Parmi les hommes religieux, ce sont dix-neuf papes, saint Charles Borromée, saint Philippe de Néri, saint Vincent de Paule, sainte Thérèse (1), le cardinal Baronius, le cardinal de Richelieu, Bossuet, Fénélon, l'abbé Maury, le cardinal de Beausset, l'abbé de La Mennais, etc. Parmi les têtes couronnées, on trouve que les plus grands monarques les ont honorés de leur confiance ; Henri IV, Louis XIII et Louis XIV, le grand Frédéric, et l'impératrice Catherine II. Parmi les savans et les hommes de lettres, le chancelier Bacon et Bayle, quoique professant tous deux un culte dissident ; l'historien Robertson, Montesquieu, Buffon, Muratori, Haller, Voltaire, Raynal, J.-J. Rousseau, Châteaubriand, etc.

---

(1) Au nom seul de sainte Thérèse, il me semble voir quelques-uns de ceux que l'on appelle beaux-esprits, sourire de ma bonhomie. Je les engage à lire les lettres de cette sainte, et à les comparer ensuite avec tous les auteurs épistolaires qu'ils voudront.

On avouera que le témoignage de tous ces grands hommes mérite au moins quelque attention, et que la cause des jésuites n'est pas si mauvaise, puisqu'elle a été soutenue par tout ce que la religion et les lettres possèdent de plus honorable (1).

---

(1) *Voyez* Pièces justificatives, n° 3.

CHAPITRE XIX.

De Saint-Sulpice et de l'école des <u>hautes études</u> ecclésiastiques.

Lorsqu'on a été assez hardi, j'aurais pu me servir d'une autre expression, pour ne voir dans les jésuites que des *louveteaux* prêts à dévorer les rois avec leurs ministres et leurs sujets, les convenances seules, la religion mise à part, commandent de ne pas qualifier de *jésuites* ceux qui ne le sont pas. Mais il paraît que les convenances sont, de l'avis de M. de Montlosier, des règles qu'il est du bon ton de transgresser. Je ne désespère pas de l'entendre dire un jour que la calomnie doit avoir ses titres de noblesse chez le peuple le plus poli de l'univers. Quoi qu'il en soit, M. de Montlosier ayant à nous parler de M. Emery, en profite pour nous apprendre que la société de Saint-Sulpice « est une création et une affiliation « des jésuites » (Pag. 24). Ainsi d'un seul trait de plume, il verse le mépris sur une société d'hommes qu'il ne connaît pas et sur laquelle il aurait dû prendre des informations, avant de la désigner à la malveillance publique. Saint-Sulpice dit-il, est une création des jésuites : ce n'est donc plus une institution fondée par le vénérable M. Olier, pour former les jeunes ecclésiastiques aux diverses fonctions du ministère? qui devons-nous croire à ce sujet, ou de M. de Montlosier, ou de toutes les histoires qui proclament M. Olier comme le fondateur de cette maison? Mais si Saint-Sulpice n'est pas une création des jésuites, c'en est peut-être une affiliation? Pas davantage. La société des sulpiciens a reçu un régime aussi différent de celui des jésuites dans l'esprit, que dans l'objet de ses institutions : les uns ne dépendent que de leur général, tandis que les autres n'agissent que d'après les instructions qu'ils reçoivent de l'évêque du diocèse où ils sont appelés. Les jésuites se livrent à l'enseignement des humanités, ne négligent pas la prédication, se dévouent au ministère des missions étrangères ; et les sulpiciens se contentent des modestes fonctions de professeurs de théologie dans les séminaires diocésains. Les premiers sont des religieux attachés à leur institut par des vœux solennels, les seconds ne sont réunis que par les liens d'une association volontaire qui n'engage point la liberté de ceux qui la composent.

Si j'ajoutais que depuis plus de cent cinquante ans que la société de Saint-Sulpice est instituée, il n'est pas arrivé une *seule fois* (1) qu'elle ait été appelée, ou qu'elle soit intervenue devant un tribunal quelconque pour aucune discussion d'intérêt; si je disais encore que, pendant la tourmente révolutionnaire, *pas un seul* de ses membres n'a donné l'exemple de la prévarication (2) et qu'elle possède aujourd'hui des membres du premier mérite; on verrait mieux combien il est indigne d'un homme d'honneur d'attaquer des hommes que l'on ne connaît pas et qui méritent si peu qu'on les outrage.

Puisque je parle des sulpiciens et que j'ai entendu plusieurs fois des personnes les accuser d'adopter les opinions les plus exagérées de l'ul-

---

(1) C'est le témoignage de M. le cardinal de Beausset.

(2) *Réflexions sur l'état de l'Eglise au dix-neuvième siècle*, par l'abbé F. de la Mennais.

tramontanisme, je veux repousser cette nouvelle accusation que je crois aussi peu fondée. Un jour que j'assistais à une conférence théologique dans un séminaire de province, je fus témoin d'une lutte entre un chaud partisan de M. de Maistre, et un partisan non moins ardent de la déclaration de 1682. L'un et l'autre, disputant d'après sa propre conviction, tirait le meilleur parti de ses argumens, mais ils se séparèrent sans se convaincre. Quel était donc cet athlète du gallicanisme, à qui la cour royale eût accordé de nos jours, sinon une palme, du moins une mention honorable ? c'était simplement un jeune professeur de la société de Saint-Sulpice. Mais, pour que l'on n'ait aucun doute sur ce point, je vais citer quelques paroles d'un supérieur général de Saint-Sulpice homme plein de lumières autant que de vertus, et que les évêques de France se plaisaient à consulter dans toutes les circonstances difficiles. « Pour écarter jusqu'aux plus légers soupçons
« d'ultramontanisme, nous déclarons que nous
« sommes très attachés aux maximes du clergé
« consignées dans sa déclaration comme un mo-
« nument précieux, même un saint siège dont

« nous ne doutons pas qu'il ne loue un jour la
« sagesse et ne réclame l'autorité, parceque, en
« même temps qu'on y rejette des prérogatives
« qui n'ont pas de fondement dans l'évangile, on
« y établit celles qui sont de droit divin et sur
« lesquelles repose l'immuable grandeur du saint
« siège; et si l'Eglise gallicane y indique d'une
« main la partie de l'édifice qu'on peut abattre,
« elle montre de l'autre celle qui doit être à ja-
« mais sacrée et inviolable. Le moment n'est
« peut-être pas éloigné où l'on adoptera dans les
« Etats catholiques de l'Europe nos maximes, et
« la crainte qu'en poussant précipitamment la
« juridiction du pape, on ne la fasse reculer au-
« delà de ses justes bornes, nous a donné lieu de
« faire l'observation précédente » (1).

Ces témoignages reposent, je pense, sur des fondemens un peu plus solides que ceux de

---

(1) Extrait de la préface de l'*Esprit de Leibnitz*, 2 vol. in-12, par M. Emery. La même protestation est également consignée dans le discours préliminaire des *Nouveaux Opuscules* de Fleury, dont M. Emery est éditeur.

M. de Montlosier. Dieu fasse que nous n'ayons plus occasion de faire remarquer la faiblesse de ses assertions !

Mais voilà que la création d'une école des hautes études ecclésiastiques vient de nouveau exciter sa bile. Il regarde cette institution comme « funeste à la France, par la raison qu'elle ne « produira qu'une troupe de spadassins scho-« lastiques qui la rempliront de nouvelles dis-« sensions » (Pag. 146). Quoi donc, ces spadassins vous effrayent déja, M. le Comte! Vous n'avez donc pas confiance en vos forces! Cette modestie me surprend ; le ton dogmatique et décisif que vous mettez dans vos assertions, m'avait donné une autre idée de votre caractère. Quoi qu'il en soit, ne craignez rien ; ces spadassins ne songeront jamais à vous nuire : ce n'est point pour le malheur des peuples qu'ils se croiront appelés à ce genre d'apostolat, mais bien pour leur propre salut. C'est en vain que vous rappelez quelques actes de l'antique sorbonne, qui se rattachent à des circonstances qui n'ont aucun rapport avec le siècle où nous vivons. Le but, le seul but de la nouvelle création, c'est de relever le clergé français de cette espèce de déconsidération où il semble être tombé depuis que la science ne s'allie plus tant chez lui avec les vertus. Il n'y a rien qui déshonore plus le sanctuaire que l'ignorance, et surtout l'ignorance en matière de religion; et comment empêcher ce triste état de se propager, quand la jeune milice n'a pu suffire jusqu'ici pour remplir le vide que laissent depuis vingt ans, après eux, des hommes mûris par le talent et l'expérience. A peine lui accorde-t-on le temps d'effleurer les matières dont la connaissance lui est d'une absolue nécessité dans l'exercice du ministère ecclésiastique, et l'on voudrait qu'elle brillât par sa science, comme aux époques de l'Eglise, où les pasteurs n'avaient pas été dispersés, où les pierres du sanctuaire n'avaient pas été indignement profanées.

C'est donc un foyer de lumières que l'on a voulu créer pour la régénération des études ecclésiastiques. S'opposer à un tel établissement, c'est se déclarer l'ennemi de la religion qui acquerra une nouvelle gloire de la science de ses ministres. Quel cœur religieux ne doit pas souhaiter que le clergé, qui était jadis la classe la plus éclairée parmi nous, reprenne le rang qu'il occupait dans l'opinion des hommes et ne reste pas en arrière de son siècle! Les fruits de son ministère sont plus abondans, quand ils se présente parmi le peuple, escorté de la triple autorité du sacerdoce, des vertus et du génie.

CHAPITRE XX.

Des Congrégations. — Si elles existent, et si l'on peut et l'on doit les proscrire, comme le souhaite M. de Montlosier.

Il ne suffit pas à M. de Montlosier d'appeler contre les jésuites toute la sévérité des anciennes lois, il veut encore que cette rigueur soit exercée à l'égard de quelques réunions d'hommes que l'on est convenu d'appeler *congrégations*. Il avait déja dit « qu'il y a en France des ultramontains qui
« ne sont pas jésuites, et des jésuites qui ne sont
« pas ultramontains ; d'un autre côté, qu'un
« grand nombre de prêtres ne sont ni ultramon-
« tains, ni jésuites. Cela ne les empêchera pas,
« si on les laisse faire, de s'emparer de la socié-
« té » (Pag. 76). Ainsi, quand un bon arrêt chasserait les jésuites, M. de Montlosier ne serait pas content ; quand un autre arrêt chasserait les ultramontains, ce ne serait pas assez ; quand un troisième arrêt chasserait ceux qui ne sont ni

ultramontains, ni jésuites, c'est-à-dire, les prêtres, sa satisfaction ne serait pas encore complète; il faudrait encore que le glaive de la loi sévît contre certains individus qui ne sont ni prêtres, ni ultramontains, ni jésuites, mais simplement hommes du monde. C'est ainsi qu'après avoir revêtu successivement le rôle de Tartufe, ou, si l'on veut mieux, de *louveteau* (puisqu'en cent endroits de son ouvrage, il a caressé le clergé qu'il devait étouffer ensuite), de délateur et de calomniateur, il se charge maintenant du rôle de fanatique dans toute l'acception du mot. « Il « a vu, dit-il, une vaste conspiration contre la « religion, contre le roi, contre la société » (Pag. 1). « Une trame qui présente une pers-« pective funeste, aujourd'hui comme en 1789, et « qui tient des voies détournées et prohibées par « les lois » (Pag 298.). Et, au lieu de l'attaquer, puisqu'il la croit existante, par tous les moyens que lui fournissait la liberté de la presse, il s'excuse sur les prétendues *entraves que l'on oppose à cette liberté* (Pag. 10), et sur ce que « les pa-« roles ressemblent aux feuilles de l'automne qui « divaguent un moment dans les airs, pour re-

« tomber ensuite mortes sur la terre » (Pag. 307).
Il veut donc tirer une vengeance éclatante des délits qu'il dénonce ; et comme ce nouveau crime de lèse-majesté est commun à tous les prêtres, à tous les jésuites, à tous les ultramontains, à tous les congréganistes, il adresse ses dénonciations, non à une seule cour royale en particulier, mais à toutes les cours du royaume à la fois. (Pag. 314) ; c'est agir en bonnes formes, c'est ne rien oublier de ce qui peut faire gagner une cause. Mais d'où vient que, semblable au noble et célèbre pèlerin traversant les déserts de la Laconie, qui se mit tout-à-coup à crier : *Léonidas !* et à qui Léonidas, enseveli depuis des siècles dans la poussière avec les lois et les libertés de son pays, ne répondit pas ; d'où vient, dis-je, que vous, M. le Comte, autre pèlerin dans la vie, qui, dans votre désert, appelez les vieilles lois de votre patrie, ces lois ne vous répondent pas davantage ? D'où vient qu'après avoir indiqué où elles sont, personne ne veut les appliquer aux crimes que vous dénoncez ? Ne pourrai-je pas interpréter ce silence en ma faveur, et proclamer que vos accusations n'ont porté que sur des fantômes ? Oui,

j'ose le dire, les magistrats éclairés qui composent nos cours ont compris l'inutilité de vos démarches, et ils ont laissé votre voix accusatrice se perdre dans le vague du désert.

En vain vous appelez à votre secours les arrêts du parlement, de 1760 et de 1763, contre les congrégations; en vain vous citez les édits et ordonnances qui ont prescrit l'enseignement des quatre articles; ceux qui concernent les refus de sépultures, de mariages et des sacremens, nous gens de ce siècle, nous ne vous entendons pas. Les lois dont vous nous parlez ne sont pas celles qui nous régissent. Nous vivons sous un gouvernement plus éclairé et plus tolérant qu'autrefois. Il ne s'immisce pas dans des affaires qui ne sont pas les siennes; et tout en ne permettant pas au clergé de troubler son administration civile, il lui laisse administrer tranquillement son propre héritage. Nos ministres et nos magistrats savent très bien que la charte, en établissant la liberté des cultes, a par-là même anéanti toutes les restrictions apportées par la puissance temporelle à l'exercice de la puissance spirituelle, et que l'autorité n'a qu'un simple droit de police sur les institutions qui sont le résultat de la croyance catholique. Pourquoi donc leur proposez-vous de faire ce que les lois fondamentales du royaume leur défendent d'exécuter ? Croyez-vous qu'ils aillent s'établir les instrumens de votre complaisance ?

CHAPITRE XXI.

Suite des congrégations. — Leur utilité.

Il est temps enfin que nous sachions à quoi nous en tenir sur la congrégation que M. de Montlosier nous dit être l'auxiliaire de la puissance ecclésiastique, et qui, par conséquent, conspire avec elle contre la religion, le trône et la société. Mieux que personne il doit la connaître, puisqu'elle fait partie de cette vaste conspiration « qu'il « a aperçue à son origine, qu'il a suivie dans ses « progrès, et qu'il voit au moment de nous cou- « vrir de ruines » (Pag. 1). Détrompez-vous, lecteurs, il ne la connaît pas plus que vous. Il avoue, quelques pages plus bas, « que cette « congrégation lui paraît aussi confuse dans sa « composition que dans son objet, dans son « objet que dans son origine ». Confuse dans son origine! elle ne sait donc pas qui lui a donné naissance; comme Melchisédech, qui ne connaissait pas ses parens, elle ne connaît donc pas ses fondateurs! Il est singulier que les hommes qui la composent se soient trouvés réunis sans savoir ni pourquoi, ni comment. Confuse dans sa composition! c'est donc une multitude d'hommes qui se réunissent sans se connaître! En ce cas, le lien qui les unit ne doit pas être bien fort. Confuse dans son objet! ils ne savent donc pas ce qu'ils veulent! S'ils ne le savent pas eux-mêmes, pourquoi vouloir deviner leur pensée? Pourquoi mal interpréter leurs intentions? Que deviennent les prétendus complots, si les congréganistes ignorent eux-mêmes ce qu'ils désirent? C'est donc cette congrégation, confuse dans son origine, dans sa composition, dans son objet, qui fait peur à M. le Comte! En vérité je n'aurais pas cru que des chimères pussent l'effrayer. Il ajoute, « qu'il lui est aussi difficile de dire avec « précision ce qu'elle est, que de montrer au « temps passé, comment elle s'est successive- « ment étendue, organisée ». Pourquoi donc entreprendre d'en parler, si vous ne pouvez dire ce qu'elle est? N'est-ce pas une bizarrerie de vouloir nous entretenir d'une chose que vous ignorez? Ne redoutez-vous pas de tomber dans des bévues grossières ? Vous ne pouvez dire ce qu'elle est, cependant vous la croyez si formidable que vous l'appelez ailleurs « une puissance mystérieuse « qui plane sur nos lois pour les faire taire ; sur « nos magistrats, pour les paralyser » (Pag. 9). Ici, l'imposture est visible. Quoi, c'est lorsque toutes les bouches s'entretiennent encore de la victoire remportée, dit-on, sur les jésuites et l'ultramontanisme, que vous osez prononcer ces étonnantes paroles ! C'est quinze jours après que l'auteur d'une lettre *singulière* a été mis en captivité, que vous vous plaignez du silence des lois, du repos des magistrats ! Qui voudra vous croire désormais, si vous démentez ainsi ce que l'opinion publique vous atteste.

Mais puisque vous ne connaissez pas ce que vous voulez dénoncer, je vais vous l'apprendre. La congrégation consiste tout simplement dans une réunion d'hommes, qui s'assemblent deux fois par mois dans une chapelle de la rue du Bac, pour y entendre une lecture spirituelle, assister à une messe et écouter une instruction dont le sujet, à ce qu'on m'a assuré, est toujours l'explication de l'évangile du jour. Croiriez-vous, par hasard, que l'évangile pût fournir des textes capables de porter à l'anarchie ? Sans la comparer à la ligue, comme vous le faites (Pag. 25), elle a son chef et un règlement qu'elle a promis d'observer. Est-ce là le mal; mais il réside aussi dans toutes les autres sociétés religieuses ou littéraires. Vous trouverez un règlement et un chef pour le faire exécuter, dans les académies, dans les théâtres, en un mot partout où l'on veut que l'ordre règne et que l'anarchie ne s'introduise pas. La *ligue* n'avait donc que faire ici. Il fallait avoir la rage des comparaisons pour l'y introduire à propos d'un *chef* et d'un *règlement*.

« Je ne puis dire si les engagemens des congré-
« ganistes sont des vœux ou de simples promes-
« ses » (Pag. 25). Pourquoi toutes ces locutions, *je ne puis dire, j'ai lieu de croire, je ne puis rien affirmer de positif* (Pag. 20 et autres)? Ne serait-il pas plus court d'avouer franchement que vous ne savez rien? Moi qui ai consulté plusieurs congréganistes de ma connaissance, je puis vous dire que l'on n'y fait point de vœux, et que s'ils font une promesse, c'est celle de vivre en parfaits chrétiens : ce qui renferme implicitement l'obligation

de pardonner à ceux qui nous calomnient. Ne redoutez donc pas leur fureur.

« Vous avouez que dans son principe elle a été bienfaisante » (Pag. 102), ce n'est donc pas une chose mauvaise que de la conserver. « Sa permanence vous inquiète »; mais rien de mieux que de laisser subsister un principe bienfaisant. Les impies avec leurs livres irréligieux et obscènes éternisent bien le scandale, pourquoi ne pas éterniser de même un bienfait?

Quoique vous ne puissiez dire précisément ce qu'elle est, vous vous permettez cependant de la juger anarchique dans sa composition. « Ses par-
« ties, dites-vous, n'étant pas encore bien agen-
« cées, toutes ses connexions ne sont pas encore
« bien établies. Elles se composent du parti jésui-
« tique dont le centre est à Rome, à l'école de la
« Sapience. Après le parti jésuitique, un autre
« appui ardent de la congrégation est le parti
« ultramontain. A côté de celui-ci se tient un
« troisième parti, dont les nuances rapprochées
« à quelques égards, ne sont pas tout-à-fait les
« mêmes. C'est ce qu'on peut appeler le parti
« prêtre » (Pag. 33). Elle n'est donc plus con-

fuse dans sa composition, cette congrégation qui a ses trois partis distincts et qui compte plusieurs nuances. Mais si elle présente un tel aspect que les opinions de ses membres ne soient pas les mêmes, rassurez-vous, l'Etat ne marchera plus à pleine voile vers les abîmes. La division dans les avis est déja un principe de destruction qui ne peut manquer de se développer, et celui qui nous a appris toute vérité n'a pas prononcé un oracle menteur, quand il a dit « qu'un royaume « déchiré par les divisions, trouvera dans elles « sa ruine » (1).

C'est en 1808 que reparurent chez nous les congrégations, s'il faut en croire M. de Montlosier, et qu'elles *infectèrent* quelques villes de France (congrégation et infection, quel rapprochement!). Voyons ce qu'elles y firent. La première de toutes commença par s'allier *avec la petite Eglise* pour se fortifier; c'est-à-dire qu'une congrégation éminemment ultramontaine reçut dans son sein les hommes les plus opposés au pouvoir absolu des souverains pontifes. A qui M. de Montlosier

---

(1) *Omne regnum in seipsum divisum desolabitur.* (Saint Luc, chap. xi).

veut-il faire accroire cette étrange inconséquence?

« Secondée par les évènemens de la première
« restauration, la congrégation prit un grand
« essor. Le 20 mars ne l'affaiblit pas; au con-
« traire il en anima le zèle; il lui donna surtout
« une couleur politique. C'est alors que se for-
« mèrent, soit avec tous les mouvemens du
« midi, soit avec toutes les Vendées partielles
« qui s'élevèrent, des liaisons qui ont subsisté
« depuis » (Pag. 25). Voilà donc la congrégation qui travaille pour la légitimité! Cette fois-
ci elle n'est pas conspiratrice.

« Depuis l'ordonnance du 5 septembre, le
« gouvernement entraîné dans une direction
« anti-royaliste, s'approchait de plus en plus de
« la révolution. Dans cette extrémité, où les plus
« grands efforts étaient devenus nécessaires, on
« s'appela de tous côtés, on s'excita, on se
« réunit » (Pag. 26). Encore un service rendu
à la monarchie! En vérité on ne peut pas tenir
à la vue d'un si grand mal! Cette congrégation
qui, selon vous, a déja sauvé deux fois le trône de
saint Louis, était donc attachée à son roi, et par
conséquent aux institutions qu'il a données à son

peuple; d'où vient donc, M. le Comte, que vous l'accusez aujourd'hui « d'être peu amie de la « constitution actuelle des choses » (Pag. 110). Qu'en savez-vous ? Où sont les preuves de votre assertion ? Vous êtes d'autant plus coupable de l'accuser ainsi, que vous dites un peu plus bas qu'elle compte dans son sein 105, 120 ou 130 membres de la chambre des députés. Les amis de l'ancien régime pourraient donc compter sur 130 députés prévaricateurs, qui *méditent des changemens à la constitution* qu'ils ont juré de maintenir, *et qui prennent chaque jour des forces pour l'effectuer*. Mais il en sera peut-être de ce nombre de députés congréganistes, comme du maréchal de France qui vous a fait donner une bonne leçon dans le Moniteur. Du reste, si ces députés professent la religion catholique, je ne vois pas qu'on puisse les empêcher de choisir entre une société chrétienne pour s'y distraire de leurs graves occupations, et une société bruyante, ou une séance à l'opéra.

Il est étonnant qu'avec toute sa sagacité, M. de Montlosier n'ait pas trouvé de congréganistes dans la chambre des pairs. Ne pouvant la blâmer de ce côté-là, il s'est contenté de dire en la nommant « qu'elle était assez singulièrement « composée » (Pag. 107). Jusqu'après la lecture de ce *singulier* passage du *Mémoire à consulter*, j'avais cru M. de Montlosier honoré de la pairie. J'ouvris aussitôt l'Almanach de la cour pour m'en assurer : quelle fut ma surprise quand je ne vis pas son nom inscrit sur le catalogue de nos seigneuries !

« En même temps que je trace ces lignes, on « m'assure que la congrégation n'existe plus » (Pag. 115). Pourquoi donc n'avez-vous pas déchiré deux chapitres de votre ouvrage? A quoi vous servira de les livrer au public?... Mais voilà qu'un nouveau courrier lui apporte d'autres nouvelles. « J'apprends en ce moment, par un recen- « sement nouvellement fait, que la congrégation « renferme quarante-huit mille individus ! ! !. » Tremblez, habitans de la terre, vous surtout, nation française ! Quarante mille individus sont les auxiliaires des ennemis du trône, de la religion et de vous-mêmes ! Comment pourrez-vous résister à ce torrent de conspirateurs quand le temps sera venu de se déborder, et de se répandre dans la société pour en renouveler la constitution ? Qu'on se rassure cependant, on m'a dit qu'il en fallait un peu rabattre. Quel en est donc le véritable nombre ? Trente, vingt, dix mille ? Moins encore. Six cents ? Retranchez-en encore la moitié, et vous aurez à peu près le nombre juste.

Eh bien, lecteurs, vous savez maintenant comment apprécier le langage de M. de Montlosier. Quelle incohérence dans les idées ! quelle contradiction dans les témoignages ! quelle bizarrerie dans les réflexions ! Un tel homme pourrait-il en imposer désormais ? Ses chapitres seuls sur les congrégations n'offrent-ils pas un assemblage hideux d'absurdités, une contexture bizarre de mensonges au milieu de quelques vérités. Et pourquoi tant s'élever contre des assemblées chrétiennes, où les membres contractent devant les autels une seconde obligation, d'être *soumis aux princes et aux magistrats, et de faire toute sorte de bonnes œuvres*, comme vous le dites vous-même (Pag. 23) ? Quel mal peuvent faire des hommes ainsi disposés à remplir leur devoir ? On pourrait raisonnablement avoir quelque crainte, si on les avait vus figurer à Grenoble, à Lyon, à

Saumur, à Béfort, à Paris. Mais leur fidélité n'a jamais été altérée. M. de Montlosier a même avoué qu'ils avaient sauvé deux fois la monarchie, que des royalistes semi-libéraux avaient mise en péril.

Avouons donc que les congrégations ne sont pas si à redouter, puisque nous savons que toutes les invectives de ses ennemis portent à faux. Qu'il serait à désirer qu'elles se propageassent davantage, pour entretenir le peu de foi qui anime encore les chrétiens, pour établir un rempart contre les mauvaises mœurs dont la contagion est si funeste. Un historien célèbre a dit, que les jésuites étaient bien propres à diriger ces congrégations : mais il n'en faut pas conclure que les autres prêtres soient moins aptes à ce ministère. Nous citerons ici les paroles de ce savant prélat. « Partout où les jésuites pouvaient se faire entendre, ils maintenaient toutes les classes de la société dans un esprit d'ordre, de sagesse et de conservation. Appelés dès leur origine à l'éducation des principales familles de l'Etat, ils étendaient leurs soins jusque sur les classes inférieures; ils les entretenaient dans l'heureuse habitude des vertus religieuses et morales. Tel était surtout l'utile objet de ces nombreuses congrégations, qu'ils avaient créées dans toutes les villes et qu'ils avaient eu l'habileté de lier à toutes les professions et à toutes les instructions sociales. Des exercices de piété simples et faciles, des instructions familières appropriées à chaque condition, et qui n'apportaient aucun préjudice aux travaux et aux devoirs de la société, servaient à maintenir dans tous les états cette régularité de mœurs, cet esprit d'ordre et de subordination, cette sage économie, qui conservent la paix et l'harmonie des familles, et assurent la prospérité des empires » (1).

En effet, on se ressouvient encore dans les principales villes de commerce, que jamais il n'y eut plus d'ordre et de tranquillité, plus de probité dans les transactions, moins de faillites et moins de dépravation qu'à l'époque où elles possédaient des congrégations. Ce fait a frappé sans doute les protestans, puisqu'ils ont établi des associa-

---

(1) *Vie de Fénélon*, par le cardinal de Beausset, tom. I, pag. 17.

tions à l'instar des nôtres et qu'ils prétendent en recueillir d'heureux fruits. On lisait, il y a peu de temps, dans un de leurs journaux, « qu'il existe à Montauban plusieurs institutions charitables, et en particulier une association de secours mutuels, mais qu'on ne s'occupait pas assez sérieusement d'organiser une association de femmes, chose cependant si utile (1). » Que ceux qui réservent toujours leurs louanges pour les membres de la religion réformée, comprennent combien nos frères égarés comptent sur les congrégations pour l'amélioration des mœurs.

---

(1) 44e bulletin de la Société biblique protestante de de Paris, page 142 du volume.

CHAPITRE XXII.

De l'association dite de Saint-Joseph et du Grand-Commun de Versailles. — Erreurs et mauvaise foi de M. de Montlosier à ce sujet.

On a dit de plusieurs philosophes modernes et particulièrement de Diderot et de Condorcet, que leur incrédulité était tellement une affaire de calcul, et non le résultat d'une conviction véritable comme d'autres écrivains l'ont attesté, qu'ils ne voulaient pas entendre discuter, chez eux, en matière de religion, si le blasphème n'était pas de la partie; et on a ajouté, que le seul nom de Dieu prononcé par une bouche religieuse, faisait entrer dans d'effrayantes convulsions ces deux professeurs d'athéisme.

Il serait ici inconvenant d'établir un parallèle entre ces deux corrupteurs des peuples, et M. de Montlosier qui paraît avoir des convictions religieuses, quoiqu'un peu singulières, et qui se déclare autant que nous, l'ennemi d'une philosophie qui n'a d'autre base que le sophisme et d'autre résultat que le néant. Mais ne pourrait-on pas soutenir d'après les mille et un témoignages consignés dans son *mémoire*, que les noms de *prêtre* et de *religion catholique*, lui sont devenus tellement odieux, qu'il ne peut en parler sans leur attribuer tout le mal qui se fait dans la société, sans les désigner comme des monstres d'une nouvelle espèce, dont il faut soigneusement éviter la rencontre : s'il n'en était pas ainsi, le verrait-on déclamer contre une institution qui ne présente rien que de philantropique dans son but, rien que de salutaire dans ses effets ?

On sait combien est nombreuse à Paris, la classe des ouvriers, et combien la société entière est intéressée à ce que l'ordre règne parmi eux. Où en serions-nous, si cet esprit de vertige et d'indépendance qui couve dans bien des cœurs, se faisait jour à travers cette multitude d'imaginations vives et impétueuses, comme en ont ordinairement les membres de la classe ouvrière ? Quels tristes effets produirait cette agitation parmi eux ? Et s'il est vrai que l'amour de l'ordre soit une vertu que l'on n'acquière que par des habitudes

morales ; et que l'on ne puisse contracter ces habitudes, qu'en les liant à des principes religieux dont on a déja l'esprit pénétré, il est clair que l'on doit, avant toutes choses, jeter des semences de vertus dans ces cœurs que se disputent les passions, si l'on ne veut pas en recueillir des fruits de désordre et d'immoralité. C'est donc une heureuse idée de rassembler un grand nombre d'ouvriers de tous les états, pour les préserver de la corruption générale qui cherche à les atteindre pendant leur séjour dans la capitale. Se déchaîner contre cette mesure, c'est déclarer que l'on a des vues étroites en politique et en religion , mais, comme nous n'oserions avancer cela de M. de Montlosier parcequ'il est, dit-on, très chatouilleux sur ce chapitre, et qu'il croit ses théories politiques plus capables de réédifier l'édifice social, renversé par la hache révolutionnaire, que toutes les théories modernes ; nous nous contenterons d'expliquer son mépris de l'*association* de Saint-Joseph par la haine qu'il a jurée aux prêtres. Ecoutons notre censeur : « Au moyen d'une asso-
« ciation, dite de Saint-Joseph, tous les ouvriers
« sont aujourd'hui *enrégimentés et disciplinés*;

« il y a dans chaque quartier une espèce de cente-
« nier, qui est un bourgeois considéré dans l'ar-
« rondissement. Le général en chef est l'abbé L...
« jésuite secret » (Pag. 51). Je vous demande-
rai d'abord, M. le Comte, si vous avez des preuves
persuasives que M. L'abbé L...... est un jésuite
secret. Votre témoignage tout seul n'en est pas
une, nous avons déja remarqué le cas que l'on
doit en faire. Cependant, si vous n'en avez pas à
nous administrer, vous me mettez dans le cas de
brûler ici les règles de l'urbanité française, et de
vous dire franchement ce que je pense de votre
conduite. Je n'en ferai rien néanmoins, quoique je
sache positivement que M. L.... que vous stig-
matisez d'un nom odieux à vos yeux, n'a aucun
rapport avec les jésuites. L'emploi qu'il fait de la
fortune dont le ciel l'a favorisé, tout en mettant à
jour son désintéressement, fait connaître par-là
qu'il n'a pas un cœur de tartufe et que c'est une
imposture de dire qu'il est jésuite secret.

Quand vous dites que les ouvriers sont *enrégimentés*, entendez-vous que leurs noms sont inscrits dans un registre, comme dans toutes les sociétés littéraires, on a coutume de conserver le

nom de tous les membres? Mais je ne vois pas de crime dans cet acte? Blâmez-vous qu'il soient pliés à une *discipline*, pour que la confusion ne règne pas dans ces réunions d'ouvriers, qui n'ont pas reçu très souvent une éducation bien soignée? Mais cette censure n'est pas raisonnable. Vous ne rencontrerez aucune société, même profane, qui n'ait son petit règlement et qui ne tienne à cœur de l'accomplir. Si c'est l'existence même de l'association que vous censurez, si vous la croyez dangereuse parceque vous la voyez dirigée par un prêtre, alors expliquez-vous mieux ; montrez-nous tout le fond de votre pensée ; dites-nous clairement que tout le bien qui se fait par un prêtre vous révolte. Nos oreilles accoutumées à entendre vos sarcasmes, n'en seront pas effrayées davantage, et nous aurons le courage de vous entendre jusqu'au bout.

Mais avec le bon sens que vous avez, M. le Comte, vous n'auriez pas lancé vos épigrammes sur cette *association*, si, auparavant, vous aviez jeté les yeux sur l'état moral d'une partie de la société actuelle. Votre âme religieuse et sensible eût été révoltée de la corruption profonde où gît une partie nombreuse de la population de Paris. En voyant l'impiété affichée dans ses carrefours, et l'indifférence religieuse se montrer jusque dans les asiles de l'indigence, vous eussiez souhaité vous-même qu'un nouvel Ezéchiel vînt souffler sur ces ossemens arides pour les ranimer. Comment pourriez-vous voir sans effroi des hommes qui n'ont presque plus d'humanité que le visage, et qui ne tiennent à la civilisation que par les habitudes du besoin? Il est pénible, sans doute, de parler avec une apparence de dédain d'une classe d'hommes essentiellement utile à la société, et qui sont nos égaux tant devant le tribunal de Dieu, que devant ceux des hommes. Mais n'est-il pas vrai qu'ils sont la proie d'un libertinage effréné, et qu'ils ne connaissent de doctrines religieuses que ce qu'il est nécessaire de savoir pour blasphémer le nom de Dieu, pour se moquer des cérémonies de la religion, et vomir les sarcasmes les plus grossiers sur les prêtres.

Quant aux ouvriers que M. l'abbé L... est parvenu à réunir chaque semaine, et auxquels il prodigue avec les moyens spirituels, les moyens de pourvoir à leur entretien temporel, aimeriez-vous mieux qu'à l'heure marquée pour leur réunion; ils se trouvassent à une barrière, et fussent les acteurs d'un spectacle qui déshonore l'humanité, celui d'une compagnie à faces humaines se noyant dans le vin, pour aller de là s'abandonner à des passions plus infâmes encore? Ou bien voudriez-vous que, moins grossiers mais plus suffisans, ils quittassent les cabarets pour les cafés, et qu'un journal à la main ils discourussent sur les principes de liberté et d'égalité ?... Si ce sont là vos opinions, je les abandonne au jugement des hommes sensés.

Voyons si ce que vous dites de Versailles est plus raisonnable : « Sous les auspices d'un grand
« personnage, il vient de se faire livrer le Grand-
« Commun de Versailles (M. de Montlosier veut
« encore parler ici de M. l'abbé L...). Là il se
« propose de réunir, comme dans un quartier-
« général, huit à dix mille ouvriers des dépar-
« temens. D'énormes dépenses ont déjà été faites
« pour mettre ce bâtiment en état de loger les
« enrégimentés. Après avoir peint en blanc-rosé
« l'intérieur comme l'extérieur de ce vaste édifice,
« on en refait à neuf la toiture, un million suffira

« à peine pour tout ce qu'on consent à faire au
« gré de M. l'abbé L... » (Pag. 32). Autant de
mots dans ce passage, autant de mensonges im-
pudemment présentés comme vérité. Ce n'est
point un quartier-général d'ouvriers qu'on veut
en faire, mais une maison tout à la fois de morale et d'industrie. On y réunit de jeunes enfans
que la misère chasse, pour ainsi dire, du toit
paternel, et que l'on recueille au Grand-Commun
pour leur apprendre un *métier*, qui leur procu-
rera dans le monde des moyens d'existence. Le
Grand-Commun n'a pas été *livré* indéfiniment,
mais jusqu'au temps où le gouvernement jugera
à propos de le reprendre pour un autre usage.
Un million n'a pas été dépensé par le gouvernement, comme vous l'affirmez, mais pour la
modique somme de vingt-six mille fr., cet immense bâtiment, qui menaçait ruine, et pour la
réparation duquel les architectes du roi avaient
cru un million nécessaire, a été remis à neuf par
les soins et les ingénieux artifices de M. l'abbé L...
Qu'il soit blanc-rosé ou d'une couleur amarante,
qu'importe au gouvernement, pourvu que la ré-

paration ait été faite à peu de frais, et pour un but éminemment philantropique.

Je voudrais bien vous demander des renseignemens plus positifs sur ces marchands de vin, bons enfans, « qui sont désignés pour donner « leurs boissons à meilleur marché » (Pag. 32). Mais je crains de vous trouver encore en défaut; et il est si pénible d'avouer, qu'on n'a aucune preuve de ce qu'on a avancé comme vrai, que je veux vous éviter cette nouvelle confusion. Il eût été curieux, cependant, d'apprendre d'un homme aussi grave que vous devez l'être, les formules bachiques et religieuses des chalans de tavernes, car vous nous dites « que tout en s'enivrant, on a « des formules faites, de bons propos à tenir, ou « des prières à réciter » (Pag. 32).

Je ne vous chicanerai donc plus que sur les domestiques que vous dites approuvés par la *congrégation*. Il est ridicule de dire que la congrégation ait jamais pensé de se métamorphoser en bureau de placement, et je puis assurer qu'il n'est jamais entré dans sa pensée de se mêler de pareilles matières; mais je suppose, et qu'on ne prenne pas ceci comme un fait arrivé, mais comme une simple hypothèse, je suppose donc qu'il fût entré dans l'esprit de quelques individus de la congrégation, d'aviser aux moyens de faire placer chéz des familles honnêtes une partie de cette multitude de jeunes personnes qui affluent des provinces, serait-ce encore un crime irrémissible? La conduite de ces *individus congréganistes* serait-elle plus condamnable que celle de plusieurs teneurs de bureaux de placemens que l'on désigne dans le public comme les sangsues des gens sans place? Auraient-ils mal mérité de la religion et de la morale publique, quand ils auraient arraché des personnes vertueuses à l'avidité de ces célibataires oisifs, qui semblent ne tenir à la vie que pour tendre des pièges à l'innocence? Ne serait-il pas à souhaiter, au contraire, qu'au lieu d'une supposition, ce que je dis ici fût une réalité? Les hôpitaux de la capitale seraient moins encombrés de ces victimes des passions, qu'un infâme séducteur a entraînées par une première chute, dans ce dernier état d'avilissement.

CHAPITRE XXIII.

Résumé des plaintes de M. de Montlosier. — Dangers qui peuvent résulter d'un autre genre de conspiration que celle qu'il a dénoncée.

C'est le sacerdoce institué par Jésus-Christ, qui a fondé la religion chrétienne, c'est lui seul qui peut la conserver encore. Quand des sophistes et M. de Montlosier en particulier, veulent persuader que la religion n'est pas le sacerdoce, nous en sommes convaincus comme eux, mais nous disons de plus que le sacerdoce est une partie essentielle de la religion. Celle-ci n'a point péri, lorsqu'elle était veuve de ses pontifes, parceque cette viduité n'a pas duré. Le sacerdoce a reparu après une courte persécution, autrement c'eût été fait de l'Eglise parmi nous. La France aurait ressemblé à ces contrées jadis si florissantes, où règne aujourd'hui une ignoble barbarie. Les chaires qui avaient retenti des sublimes accens des Bossuet, des Massillon et des Bridaine eussent été muettes pour toujours, et auraient eu le même sort que ces chaires fameuses où les Crysostôme et les Cyprien avaient fait briller tant d'éloquence, tant de génie, tant de vertus. Quand la tête du prêtre eut roulé sur l'échafaud révolutionnaire, l'athéisme enlaça de ses bras de fer notre belle patrie, et elle l'eût probablement anéantie, si l'on ne se fût hâté de décréter un simulacre de sacerdoce, qui sauva du moins une partie de la société chrétienne.

Mais autant le sacerdoce est nécessaire pour le maintien de la religion, autant M. de Montlosier le croit nuisible. Je crois l'avoir prouvé suffisamment dans le cours de ma réfutation qui eût été encore plus complète, si je l'avais entreprise plus tôt, et si je ne croyais pas qu'il fût nécessaire de la publier incessamment.

Voici le résumé de tout le système anti-religieux que j'ai fait connaître.

M. de Montlosier veut bien faire quelquefois l'éloge de la religion, mais c'est pour mieux cacher le dessein de la combattre. Pour s'y prendre avec habileté, il suppose qu'une conspiration est ourdie contre elle : les conspirateurs sont les prêtres, qui ont pour auxiliaires les jésuites, les ultramontains et les congréganistes. Comme les prêtres sont généralement respectés, parceque l'existence de la religion dépend de leur propre existence, c'est contre eux qu'il dirige principalement ses coups; et, pour ne pas effaroucher les âmes religieuses, il ne dit pas tout crument que les prêtres sont des ambitieux dont il faut se défaire, mais il fait entendre que l'envahissement d'un pouvoir qui ne leur appartient pas découle naturellement de leur *caractère* de prêtre; que le sacerdoce est, par sa nature, usurpatif, et qu'il n'y a d'autre moyen pour se mettre à l'abri de ses prétentions, que de l'extirper des endroits où on le trouve; avec lui disparaîtraient les jésuites, qui ne sont autre chose que des prêtres plus dévoués à la cour de Rome; les ultramontains, qui veulent également nous soumettre à un *étranger;* les congréganistes, qui veulent nous obliger à échanger la capote pour le froc.

En même temps que nous avons démontré l'absurdité de l'envahissement des prêtres, et surtout l'impossibilité de l'envahissement *essentiel*, nous avons vengé une société célèbre, et d'autres personnes également respectables, des coups que leur a portés M. de Montlosier. Nous avons fait voir combien il a travesti leur histoire, combien il a dénaturé les faits, pour donner plus de poids à ses accusations. Notre tâche est maintenant terminée ; que ne nous eût-il été donné de la remplir avec plus de succès, et surtout avec plus de talens ? Plût à Dieu que notre langage eût pu atteindre un plus haut degré de force et de sublimité, peut-être aurait-il fait plus d'impression sur les esprits ! Quel qu'il soit cependant, j'ose présenter mon travail à la méditation des personnes qui ne se laissent pas prévenir par le scandale, mais qui, aimant la vérité, et désirant sincèrement la connaître, n'ont pas coutume de fixer leur jugement sur le seul témoignage d'un individu.

Après avoir fait remarquer la vérité du système vraiment anti-social de M. de Montlosier ; après avoir démontré que la conspiration qu'il dénonce n'existe que dans son cerveau, qu'il me soit permis d'en signaler une qui est plus patente que la sienne, et contre laquelle on ne saurait trop se prémunir. Cette conspiration que *la Quotidienne* et *le Constitutionnel* doivent également flétrir, et que les hommes, de toutes les nuances d'opinions doivent également abhorrer, consiste dans les moyens que prennent certains hommes pour corrompre les mœurs des peuples, et par suite les faire tomber dans un avilissement qui déshonore l'humanité.

Le premier de ces moyens, c'est la représentation, dans les spectacles, d'une multitude de pièces où le cynisme le plus révoltant est applaudi, où les propos les plus licencieux sont désignés comme des *traits d'esprit*, comme des réponses spirituelles, dont on doit faire usage dans les sociétés, si l'on veut se revêtir du bon ton! Quel ton, grand Dieu! que celui qui fait imposer silence à notre pudeur. Et ces motions inconnues qu'on y excite; et ces passions impétueuses que l'on y soulève, ne sont-elles pas capables de corrompre les cœurs et d'étouffer dans eux tout sentiment de vertu? (1)

---

(1) On a dû remarquer, dans le chapitre IX, que M. de Montlosier propose les théâtres comme un moyen de réformer les mœurs.

Les plaisirs que procurent aujourd'hui les spectacles, étaient remplacés, chez nos ancêtres, par le charme d'une conversation aimable, et par des jeux qu'on a voulu rendre ridicules en les nommant *innocens*; mais auxquels se livrait sans danger la jeunesse des deux sexes. « Je n'ai
« point appris, disait un estimable publiciste,
« que le *colin-maillard* ait jamais servi à cor-
« rompre une jeune fille; mais trop souvent au
« spectacle, la peinture des passions en fait naître
« dans son cœur, qui feront un jour son malheur
« et sa honte!.... Les malfaiteurs, les voleurs,
« sont en général des hommes de la classe du
« peuple, qui veulent briller, et à qui le travail
« est devenu insupportable par l'habitude des
« plaisirs (1) ». Ainsi, ce n'est pas aux spectacles, et surtout à certains d'entre eux, que l'on peut

---

(1) Ce morceau, plein d'éloquence et d'une saine philosophie, a paru, il y a trois ans environ, dans un numéro du *Constitutionnel*. Je regrette de ne pouvoir pas indiquer le quantième du mois aux personnes qui auraient désiré le lire en entier : j'oubliai de l'écrire sur mes tablettes.

prendre des leçons de morale. Trop souvent ils ne sont que l'école du vice, où la vertu va faire de tristes naufrages.

Un autre moyen, et celui-ci est employé avec plus de succès, c'est la propagation des mauvais livres. Plusieurs bouches éloquentes ont déja plaidé la cause de la religion et de la morale contre cette entreprise vraiment funeste pour la société, et si leurs paroles n'ont pas eu toute l'influence qu'elles méritaient d'avoir, je ne dois pas espérer de mieux réussir. Mais j'aurai du moins rempli un devoir; j'aurai protesté contre un crime capital dont tous les Français semblent être coupables, depuis que l'entreprise est devenue si générale. Quoi! je verrais ce déluge de livres impies et licencieux qui inondent tous les rangs de la société, qui portent la désolation et le désespoir chez quelques individus, qui corrompent chez d'autres les plus belles affections de l'âme, qui vont chez l'indigent prendre la place de la croix de bois, qui servait jadis à le consoler; qui portent chez tous le poison de l'irréligion et de l'immoralité; je le verrais, et je n'en accuserais pas les coupables!

Non, dussent tous les sarcasmes des impies tomber à la fois sur ma tête, je ne dénoncerai pas moins à l'autorité publique, aux pères de famille, aux amis de leur patrie, ces hommes méprisables qui font un trafic honteux de la morale du peuple.

Ce désordre existait avant la révolution, et il n'y a pas de doute qu'il n'ait le plus contribué aux excès dont le récit souille les pages de l'histoire de cette époque. Ce qu'il y a de plus déplorable, c'est que ce fléau n'a pas cessé, puisque l'on voit aujourd'hui des hommes de toutes les classes, de toutes les conditions, parler en docteurs des livres les plus impies et les plus licencieux.

Je professe un grand respect pour la liberté de la presse, mais je ne crois pas que cette liberté s'étende jusqu'à permettre l'impression des livres qui sapent l'édifice social par sa base. Car sans religion, point de mœurs; sans mœurs plus de généreux sentimens, plus de dévouement à la patrie, plus d'amour filial, plus de liens, cependant si doux, de l'amitié; plus de vénération pour les autorités, plus de respect pour les lois. Et comment appeler la société qui offre un pareil spectacle? N'est-elle pas une vraie image du désordre? Qui nous en garantira? Qui nous préservera d'une nouvelle anarchie?..... Le sincère attachement à la religion de nos ancêtres.

FIN.

PIÈCES JUSTIFICATIVES.

N° 1.

Déclaration des archevêques et évêques de l'Eglise catholique romaine d'Irlande.

« Au moment où un esprit calme d'investigation impartiale se manifeste, et que les hommes paraissent disposés à abjurer les préjugés, à travers lesquels ils regardaient les doctrines opposées aux leurs, les archevêques et évêques de l'Eglise catholique romaine en Irlande profitent avec plaisir de cette disposition favorable de l'esprit public pour présenter un exposé simple, mais fidèle, de dogmes qui sont le plus souvent considérés sous un faux point de vue. »

« S'il plaît au Tout-Puissant que les catholiques d'Irlande soient condamnés à vivre pendant long-temps dans l'état humiliant et dégradé où ils sont actuellement, ils se soumettront avec résignation à sa volonté divine. Les prélats considèrent cependant comme un devoir, tant envers eux qu'envers leurs concitoyens protestans dont ils apprécient la bonne opinion, de chercher de nouveau à dissiper les fausses imputations auxquelles on a eu fréquemment recours pour attaquer et la foi et la discipline de l'église qui ont été confiées à leurs soins, afin que chacun soit à portée de connaître exactement les véritables principes de ces hommes que la loi prive de toute participation aux honneurs, aux dignités et aux émolumens de l'état. »

Après avoir démontré que la religion catholique est conciliable avec toutes les formes régulières des gouvernemens ; après avoir exposé leur croyance sur les miracles, sur le culte des saints, sur la vénération des images, de la manière que l'Eglise catholique l'enseigne, ils ajoutent :

« Les catholiques croient que pour être sauvé il faut nécessairement appartenir à la véritable Eglise, et que l'hérésie ou une opposition obstinée à la vérité révélée, telle qu'elle est enseignée par l'Eglise de Jésus-Christ, exclut du royaume de Dieu. Ils ne sont pas obligés de croire qu'ils sont tous obstinés et attachés à l'erreur, ceux qui séduit par d'autres ou imbus de ces principes par des parens, cherchent la vérité avec une constante sollicitude et sont disposés à l'embrasser lorsque la chose leur est suffisamment démontrée. Laissant ces personnes au jugement équitable d'un

Dieu de miséricorde, les catholiques se croient obligés de remplir envers eux comme envers le genre humain, les devoirs de la charité et de la vie sociale. »

Vient ensuite leur profession de foi sur les sacremens de l'eucharistie, et de la confession, après quoi ils ajoutent :

« Les catholiques d'Irlande, non-seulement ne croient pas, mais encore déclarent qu'ils détestent comme anti-chrétienne et impie l'idée, « qu'il est licite de tuer ou détruire toute per- « sonne ou personnes quelconques, sous prétexte « qu'elles seraient hérétiques; » et aussi le principe « qu'aucune foi ne doit être gardée avec les hérétiques. » Ils déclarent de plus, sous serment, qu'ils croient qu'aucun acte injuste en soi, immoral ou méchant, ne peut jamais être justifié ou excusé sous prétexte qu'il a été fait pour le bien de l'Eglise, ou en obéissance d'aucune autorité ecclésiastique que ce soit. Que ce n'est pas un article de la foi catholique et qu'il n'est pas non plus exigé d'eux de croire que le pape est infaillible, et qu'ils ne se considèrent pas obligés d'obéir à tout ordre qui serait immoral par sa nature, si cet ordre était donné par le pape, ou par quelque autorité ecclésiastique, mais au contraire que ce serait un péché d'avoir du respect ou de la déférence pour un tel ordre. »

« Les catholiques d'Irlande jurent d'être fidèles et de porter une véritable obéissance à notre gracieux souverain et seigneur, le roi George IV; qu'ils maintiendront, soutiendront et défendront par tous les moyens en leur pouvoir, la succession de la couronne dans la famille de S. M., contre toute personne ou personnes quelconques; renonçant et abjurant toute fidélité et obéissance envers toute autre personne qui réclamerait ou qui prétendrait avoir des droits à la couronne de ces royaumes. Ils rejettent en même temps et abjurent l'opinion que les princes excommuniés par le pape et les conciles, ou par toute autre autorité de la cour de Rome, ou autres quelconques, peuvent être déposés et mis à mort par leurs sujets ou par toute autre personne, et qu'ils ne croient pas non plus que le pape de Rome ou aucun autre prince étranger, prélat, état ou potentat, a ou doit avoir quelque juridiction civile et temporelle, quelque pouvoir, supériorité ou prééminence dans ce royaume, soit directement ou soit indirectement. »

Ils déclarent en outre solennellement en la présence de Dieu qu'ils attestent et certifient qu'ils font cette déclaration et chaque partie d'elle dans le simple et véritable sens des paroles de leur serment, sans aucun subterfuge, aucune équivoque ou réserve mentale, et aussi sans qu'aucune dispense ait déja été pour cela accordée par le pape ou par toute autre autorité du siége de Rome, ou autre personne que ce soit ; et sans croire qu'ils sont ou qu'ils peuvent être admis devant Dieu ou devant les hommes, et absous de cette déclaration ou d'aucune de ses parties, quand même le pape ou autre autorité et personne quelconque les en dispenserait, ou la révoquerait ou déclarerait qu'elle est nulle et invalide dans toutes ses parties. »

Après une déclaration assermentée, aussi pleine et explicite, nous ne pouvons réellement pas concevoir sur quel fondement nous pourrions être justement accusés de n'avoir pour notre très gracieux souverain qu'une fidélité partagée.

Les catholiques d'Irlande loin de réclamer aucun droit ou titres sur les terres confisquées provenant de droits, titres ou intérêts que leurs ancêtres pourraient avoir, déclarent au contraire sous serment, « qu'ils défendront, par tous les moyens en leur pouvoir, les établissemens et les arrangemens qui concernent les propriétés dans ce pays, tels quils sont fixés par les lois maintenant en vigueur. » Ils renoncent également, désavouent et abjurent solennellement toute intention de subvertir le présent établissement de l'Eglise protestante, dans l'intention d'y substituer un établissement catholique; et ils jurent en outre qu'ils n'entendent exercer aucun des privilèges auxquels ils ont ou ils pourraient avoir des droits pour troubler ou affaiblir la religion protestante ou le gouvernement protestant en Irlande. . . .

. . . .

. . . .

Nous approuvons, souscrivons et publions cette déclaration, afin que ceux qui ont une opinion erronée de nos doctrines et de nos principes, puissent être détrompés.

Suivent les signatures.

A Dublin, le 25 janvier 1826.

N° 2.

Jugement qu'un philosophe, conséquent dans ses principes, a porté sur le gallicanisme.

On est frappé de la contradiction de plusieurs journalistes de l'opposition libérale, quand ils réclament l'exécution stricte du pacte fondamental qui lie le roi avec la nation française, en même temps qu'ils laissent percer leur joie, quand un de leurs adversaires est frappé du glaive de la loi, pour avoir voulu jouir d'un privilège garanti à tous les Français. On ne peut expliquer cette contradiction que par la haine de ces messieurs contre la religion catholique. Cependant, nous devons établir une exception en faveur des rédacteurs du *Globe*, qui, malgré leur libéralisme en politique et leur scepticisme en religion, s'indignent avec franchise et sans aucun détour contre les entraves que l'on veut opposer à la liberté *d'opinions*, quand il s'agit des quatre articles. Cette bonne foi est digne de remarque, et ne peut que leur gagner l'estime de ceux même qui ne pensent pas comme eux. Ennemis déclarés des jésuites, ils n'appellent pas sur leurs têtes de nouvelles foudres ; mais ils les défient sur le terrain de la discussion. Cette manière de combattre est plus généreuse, et ne peut manquer d'être acceptée.

J'ai cru qu'il ne serait pas hors de propos de citer ici le jugement qu'ils ont porté sur un journal qui s'intitulait la *France catholique*, et que le zèle de ses rédacteurs n'a pu empêcher de périr après une année d'existence. On verra que les messieurs du *Globe*, comprennent l'état de la question entre le catholicisme et le protestantisme. Quant à la conclusion qu'ils tirent à la suite de leurs observations, elle ne doit pas nous étonner : la bannière sous laquelle ils combattent, leur en commandait une pareille.

« En vain quelques politiques à transaction et quelques héritiers des opinions parlementaires, s'obstinent à vouloir relever le *gallicanisme :* ce devrait être son sort de mourir, lorsqu'il y aurait pleine connaissance, pleine franchise dans les deux seules écoles qui peuvent réellement se disputer le monde. Il faut aujourd'hui ou rejeter complètement ce principe de *l'autorité*, ou l'accepter sans réserve. L'unité catholique se compose du concile, d'une part, et du Saint-Siège, de l'autre, mais liés d'une indissoluble union. Stipuler des libertés particulières à une Eglise, c'est dissoudre l'unité. Et que le tort vienne du souverain pontife qui envahit le droit des Eglises, ou des Eglises qui se révoltent contre le souverain pontife, il n'importe; la séparation existe : il n'y a plus de catholicisme; reconnaître le droit d'examen, c'est proclamer la souveraineté nationale en matière de religion; c'est un protestantisme de discipline, qui doit tôt ou tard animer le protestantisme contre le dogme. On conçoit que, lorsque les esprits n'étaient ni assez éclairés ni assez hardis pour prévoir et réduire les conséquences, on ait pu s'arrêter à ce tempérament diplomatique d'un concile d'évêques unis à un roi contre le Saint-Siège, et maintenant le dogme par la force, lorsqu'ils rompaient la discipline par le raisonnement. Mais aujourd'hui que le *gallicanisme* a porté tous ses fruits, qu'il s'est allié à toutes les idées de liberté politique, comment les catholiques ne sentiraient-ils pas son défaut? Et comment, d'autre part, les libres penseurs en religion, ceux qui *sympathisant avec tous les cultes*, avec tous les systèmes, n'en veulent admettre aucun au gouvernement de l'Etat; comment, dis-je, les libres penseurs pourraient-ils reconnaître la déclaration de 1682, c'est-à-dire une confession de foi, qui permet au souverain et aux évêques réunis de régler la conscience religieuse d'une nation !..... »

« A qui donc pouvaient s'adresser les rédacteurs de la *France catholique?* A quelques vieux sorbonnistes, à quelques publicistes véritablement indifférens en religion, mais heureux de pouvoir trouver des armes contre le jésuitisme dans un arsenal à moitié saint. Pour nous, gens de ce siècle, ou jésuites ou philosophes décidés, qu'y avait-il à apprendre dans ses dissertations et dans ces réglemens d'un autre âge? Plus curieux et moins passionnés, les philosophes ont pu contempler avec l'intérêt qu'on accorde au courage, cet effort du gallicanisme, dernière et honorable lutte d'hommes de bonne foi descendant dans la tombe avec leur Eglise; ils ont pu s'attendrir à ces lamentations sorties des ruines de Port-Royal, mais voilà tout. Et cependant les jeunes milices du nouveau sacerdoce battaient des mains au passage de la charrue jésuitique, et creusaient avec une grande joie le sillon qui effaçait la dernière trace de leurs anciens sur la terre de France. Ni l'appui des politiques du jour, ni les éloquentes prédications d'un grand poète (1) qui ranima le catholicisme français il y a vingt-cinq ans, n'ont pu soutenir ce qui tombait. Les arrêts des cours ne feront pas mieux. Le protestantisme lui-même est à peine assez fort pour se défendre : la philosophie seule a des armes puissantes. Rome le sait bien, et M. de la Mennais ne s'y est pas mépris : aussi est-ce aux philosophes qu'il s'est attaqué tout d'abord : l'avenir apprendra où était la véritable intelligence des besoins du siècle, et les ressources de la victoire; mais on peut déjà le prévoir aux terreurs, aux colères de l'Eglise ultramontaine : la philosophie est tranquille, elle compte les quatre derniers siècles qui viennent de passer, elle regarde le vieux continent et tous ces peuples nouveaux qui viennent à elle, et elle se dit avec sécurité : « Il n'y a plus de Vatican »; comme jadis les chrétiens nés de la veille, répétaient au pied de la statue de la victoire, ébranlée de leurs cris : « Il n'y a plus de Capitole, il n'y a « plus de boucliers tombés du ciel » (Le *Globe*, Tom. III, n° 15, Pag. 78).

---

(1) Châteaubriand.

N° 3.

Témoignage de quelques grands hommes en faveur des jésuites.

MONTESQUIEU.

« On a voulu faire un crime à la société de Jésus d'avoir gouverné le Paraguai ; mais il sera toujours bon de gouverner les hommes en les rendant heureux. Il est glorieux pour elle d'avoir été la première qui ait montré dans ces contrées l'idée de la religion jointe à celle de l'humanité. En réparant les dévastations des Espagnols, elle a commencé à guérir une des grandes plaies qu'ait encore reçues le genre humain. Un sentiment exquis pour tout ce qu'elle appelle honneur, et son zèle pour la religion, lui ont fait entreprendre de grandes choses, et elle y a réussi. Elle a tiré des bois des peuples dispersés; elle leur a donné une subsistance assurée; elle les a vêtus; et quand elle n'aurait fait par-là qu'augmenter l'industrie parmi les hommes, elle aurait fait beaucoup » (1).

---

(1) *Esprit des Lois*, liv. 4, chap. 6.

L'ABBÉ PROYARD.

« Je n'ai jamais appartenu à la société, je ne dois aux jésuites que la vérité et la justice, je ne leur suis pas même redevable de mon éducation. Mais j'avouerai aussi qu'à les considérer seulement sous le rapport de l'enseignement public, les jésuites étaient les plus fermes appuis des vraies lumières, des mœurs et du trône. Leur destruction, qui a donné une secousse générale à la morale publique, fut la ruine de l'édifice précieux de l'éducation nationale. » (1).

Nous avons cité le témoignage de Bayle dans un chapitre sur les jésuites.

LE CARDINAL DE BEAUSSET.

« Partout où les jésuites pouvaient se faire entendre, ils maintenaient toutes les classes de la société dans un esprit d'ordre, de sagesse et de conservation. Appelés, dès leur origine, à l'éducation des premières familles de l'Etat, ils étendaient leurs soins aux classes inférieures, et les entretenaient dans l'heureuse habitude des vertus religieuses et morales; ils eurent le mérite d'ho-

---

(1) *Louis XVI détrôné avant d'être roi.*

norer leur caractère par une sévérité de mœurs, une prudence et une noblesse de sentimens, que leurs ennemis mêmes n'ont pu leur contester. C'était la plus belle réponse à toutes les satires qui les out accusés de professer des principes relâchés. Ces hommes, qu'on avait peints si dangereux, si puissans, si vindicatifs, fléchirent, sans murmurer, sous la main terrible qui les écrasait (1). »

RAYNAL.

« Il ne faut pas se refuser à l'évidence. Rien n'égalait la pureté des mœurs, le zèle doux et tendre, la sollicitude paternelle des jésuites du Paraguai. Leur autorité ne se faisait point sentir, car ils n'ordonnaient, défendaient et punissaient, que ce qui est puni, défendu et ordonné par la religion, que les Indiens comme les jésuites chérissaient et pratiquaient (2). »

BUFFON.

« Oui, oui, malgré les cris de la calomnie, ce sont les jésuites qui ont conquis le Paraguai. La douceur, le bon exemple, la charité et la pratique

---

1) Dans la *Vie de Fénélon*, livre premier.
(2) *Histoire philosophique du Commerce et des Établissemens des Européens dans les deux Indes.*

de la vertu, soutenus constamment par ces missionnaires, ont pénétré jusqu'au cœur des sauvages, et vaincu leur défiance et leur férocité. Rien ne peut faire plus d'honneur à la religion que d'avoir civilisé ces nations, et posé les fondemens d'un empire, sans d'autres armes que celles de la vertu (1). »

BOSSUET.

« Et vous, célèbre (2) compagnie, qui ne portez pas en vain le nom de *Jésus*, à qui la grace a inspiré ce grand dessein de conduire les enfans de Dieu, dès leur plus bas âge, jusqu'à la maturité de l'homme parfait en Jésus-Christ; à qui Dieu a donné (3) vers la fin des temps, des docteurs, des apôtres, des évangélistes, afin de faire éclater par tout l'univers, et jusque dans les terres les plus inconnues, la gloire de l'évangile, ne cessez d'y faire servir, selon votre sainte institution, tous les talens de l'esprit, de l'éloquence, la politesse, la littérature; et afin de (4) mieux accomplir un si grand ouvrage, recevez avec

---

(1) *Dissertation sur les variétés de l'Espèce humaine.*
(2) L'auteur avait d'abord mis *sainte* et *savante*, qu'il a effacés pour y substituer, de sa main, *célèbre*.
(3) Dans ce dernier temps.
(4) Continuer.

toute cette assemblée, en témoignage d'une éternelle charité, la sainte bénédiction du Père, du Fils et du Saint-Esprit. »

MURATORI.

« Je ne crains pas d'avancer qu'il n'y a point eu de missions aussi florissantes que celles des jésuites, au Paraguai. Ils surent policer les pays les plus barbares; et l'on vit des sauvages soumis au vrai Dieu, jouir du plus grand bonheur que l'on puisse désirer sur la terre, l'innocence et la paix » (1).

ROBERTSON.

« Oui, c'est là surtout que les jésuites ont déployé leurs talens, et contribué efficacement au bonheur des hommes. Les conquérans de l'Amérique n'avaient su jusqu'alors que piller, exterminer les habitans, ou les réduire en esclavage; les jésuites seuls, en s'y établissant, eurent l'humanité pour objet » (2).

HALLER.

« Les ennemis de la société, en la voyant fon-

---

(1) *Relation des Missions du Paraguai*, traduite de l'italien.

(2) Robertson, *History of Charles V*, pag. 219.

der cette espèce d'empire dans les pays lointains, l'ont accusée d'ambition. Mais quel plan peut être plus beau et plus avantageux pour l'humanité, que de rassembler des sauvages dispersés dans les forêts de l'Amérique, de les éclairer des vérités de la religion, d'en former une société qui rappelle l'état du genre humain dans l'âge d'or? N'est-ce pas là prendre le caractère de législateur pour le bonheur des hommes? L'ambition qui produit tant de bien, ne peut être qu'une passion louable » (1).

DALLAS.

« Peut-on d'ailleurs accuser d'ambition des gens qui renonçaient par leurs vœux aux dignités de l'Eglise? Le père Cotton refusa un évêché que lui voulait donner Henri IV. Lorsque d'autres ecclésiastiques avaient prêché un cours de sermons dans les chapelles royales, ils étaient ordinairement promus à quelque bénéfice considérable et souvent à l'épiscopat; lorsque les jésuites s'étaient acquittés des mêmes fonctions avec succès, on les remerciait au nom du roi, en leur annonçant simplement que Sa Majesté serait

---

(1) *Traité sur divers sujets intéressans en politique, en morale.*

charmée de les entendre encore une autre année » (1).

On sait que Fénélon fut l'ami le plus déclaré des jésuites, sans néanmoins leur être asservi, de même qu'il était opposé à Port-Royal, sans en être l'ennemi.

L'ABBÉ MAURY.

« Le grand collège des jésuites à Paris, était le point central qui attirait l'attention de tous les meilleurs écrivains et des personnes distinguées de tous les rangs. C'était une espèce de tribunal permanent de littérature, que le célèbre Piron dans son style emphatique, appelait la chambre ardente des réputations littéraires, et que les gens lettrés redoutaient comme étant la source principale et le foyer de l'opinion publique dans la capitale » (2).

FRÉDÉRIC-LE-GRAND.

« Je me suis souvent disputé sur le compte des jésuites, avec le marquis d'Argens. Au reste, si

---

(1) *Nouvelle Conspiration contre les Jésuites*, pag. 148.
(2) Le cardinal Maury, dans son *Essai sur l'Eloquence de la Chaire.*

j'avais été roi de France, j'aurais bien pu faire pendre Tellier, Lachaise, Lavalette; mais je n'aurais pas chassé la société entière. Pauvres gens que les Français de 1763! Ils ont détruit les renards qui les défendaient contre les loups, sans s'apercevoir qu'ils étaient sur le point d'en être dévorés (1). »

CATHERINE II.

« Je n'ai pas suivi le torrent; j'ai plaint les jésuites que leur mérite a toujours entourés d'ennemis. Reçus en France en 1550, malgré toutes les menées de la sorbonne et de l'université, qui ne craignaient pas autre chose qu'une concurrence dangereuse, ils ont montré surtout beaucoup de talens.

« Après leur suppression, je vis que plusieurs parties de mon empire leur étaient très attachées; et en 1783, je fis demander au pape Pie VI le rétablissement des jésuites dans mes États. Je reconnus que cette réunion d'hommes paisibles et innocens, était plus capable que toute autre d'instruire mes sujets (2). Et, dites-moi, les jésuites reçus en Russie y ont-ils excité aucun trouble re-

---

(1) Paroles du grand Frédéric.
(2) *Lettres de Catherine II a Pie VI.*

ligieux ou civil? La tranquillité intérieure de ce pays n'a jamais été plus grande que depuis leur rétablissement; et les sciences y ont fait des progrès rapides (1). »

Je pourrais citer une infinité d'autres témoignages aussi importans, de la part de plusieurs savans d'Angleterre, d'Allemagne, de France; mais j'ai cru devoir me borner à ceux-là : ils sont assez dignes de confiance.

---

(1) *Histoire de Catherine II*, par Castira.

FIN DES PIÈCES JUSTIFICATIVES.

TABLE
DES MATIÈRES.

	Pages
INTRODUCTION.	5
CHAP. I. Dessein de M. de Montlosier en écrivant son Mémoire.	12
II. Alliance de M. de Montlosier avec les adversaires de l'Eglise catholique.	19
III. Haine de M. de Montlosier contre le clergé catholique.	22
IV. Suite de la haine de M. de Montlosier contre le clergé catholique.	27
V. Le sacerdoce chrétien est, aux yeux de M. de Montlosier, une institution anti-sociale.	33
VI. Autres calomnies de M. de Montlosier contre le clergé, au sujet des protestans.	45
VII. Attaques de M. de Montlosier, dirigées contre les évêques en particulier.	54
VIII. Nouvelles erreurs de M. de Montlosier, et ses attaques contre les Evêques-Pairs.	60
IX. Erreurs de M. de Montlosier, touchant la nécessité d'une religion.	67
X. De l'alliance de la religion avec la politique. — Du refus de Sacremens.	
XI. Erreurs de M. de Montlosier sur la vie dévote.	81

Pages

Ch. XII. De l'ultramontanisme et de la déclaration de 1682. — Erreurs de M. de Montlosier à ce sujet.................. 87

XIII. Suite de l'ultramontanisme et de la déclaration de 1682.................. 100

XIV. Des jésuites. — Leur histoire est travestie par M. de Montlosier.............. 108

XV. Suite de l'histoire des jésuites et des erreurs de M. de Montlosier.......... 121

XVI. De l'existence actuelle des jésuites en France. — Si elle est en opposition avec les lois....................... 126

XVII. S'il peut résulter quelque inconvénient de la reconnaissance des jésuites en France..................... 133

XVIII. Caractère des partisans et des adversaires des jésuites..................... 144

XIX. De Saint-Sulpice et de l'école des hautes études ecclésiastiques.............. 150

XX. Des Congrégations. — Si elles existent, et si l'on peut et l'on doit les proscrire, comme le souhaite M. de Montlosier.. 158

XXI. Suite des congrégations. — Leur utilité.. 163

XXII. De l'association dite de Saint-Joseph et du Grand-Commun de Versailles. — Erreurs et mauvaise foi de M. de Montlosier à ce sujet................... 176

XXIII. Résumé des plaintes de M. de Montlosier. — Dangers qui peuvent résulter d'un autre genre de conspiration que celle qu'il a dénoncée.................... 186

PIÈCES JUSTIFICATIVES.

Pages

N° 1. Déclaration des archevêques et évêques de l'Eglise catholique romaine d'Irlande.... 195

N° 2. Jugement qu'un *philosophe*, conséquent dans ses principes, a porté sur le gallicanisme. 200

N° 3. Témoignage de quelques grands hommes en faveur des jésuites. 205

FIN DE LA TABLE.